DIENST AM WORT

Schiller · Epistelpredigten

D1931768

DIENST AM WORT

herausgegeben von

C. H. PEISKER

29

EPISTELPREDIGTEN II

EHRENFRIED KLOTZ VERLAG
STUTTGART UND GÖTTINGEN

EPISTELPREDIGTEN

ZWEITER TEILBAND

von

JOHANNES SCHILLER

EHRENFRIED KLOTZ VERLAG
STUTTGART UND GÖTTINGEN

ISBN 3-525-59077-6
© Ehrenfried Klotz Verlag, Stuttgart und Göttingen 1974
Alle Rechte vorbehalten. Satz und Druck: W. Röck, Weinsberg
Bindearbeit: Hubert & Co., Göttingen

Inhalt

Hinweis für den Leser

Ein Gesamt-Textregister für die vorliegenden Epistelpredigten I und II steht am Ende dieses Bandes.

Der vorliegende Band enthält eine Lücke in der Predigtfolge vom 7. bis 12. S. n. Trin., die sich leider nicht schließen ließ. Wer nach Predigtanregungen für diese Sonntage sucht, erhält auf Anforderung vom Verlag (34 Göttingen, Postfach 77) kostenlos das Juniheft 1974 der „Homiletischen Monatshefte“ zugesandt, ferner, falls am 21. S. n. Trin. nicht wie in der Gemeinde des Verfassers das Reformationsfest gefeiert wird, das Septemberheft.

Kantate

Jakobus 1, 16-22

Liebe Freunde!

Am Anfang steht: „Irret nicht, liebe Brüder!" Das ist ein Rat, den man immer gebrauchen kann, und ein Rat, den man besonders gerne anderen Leuten weiter gibt, weil man ein scharfes Auge dafür hat, wo ein anderer sich irrt. Hier geht es aber auf eine besondere Art von Irrtum hinaus, nämlich auf den Irrtum, in welchen Menschen verfallen, die über Gott nachdenken.

Nun werdet ihr denken, das sei ja nun recht gewagt, wenn ich behaupten will, die Leute geraten in große Irrtümer, die über Gott und Gottes Wege nachdenken. Ich habe aber da den Apostel durchaus auf meiner Seite und will auch gleich noch einmal versuchen, ein bißchen verständlicher zu machen, was ich meine.

Mir schrieb in der vergangenen Woche jemand einen Brief; ein sehr ernsthafter und liebenswerter Mensch. Der lange Brief hatte den kurzen Inhalt: Wenn Gott Liebe ist, wieso kommt es mir dann so vor, als ob es in der Welt keine Liebe für mich gäbe? Er müßte mir ja dann doch begegnen in der Liebe von Menschen zu mir, aber ich armer Mensch, ich werde so furchtbar wenig geliebt!

Da steckt ein Irrtum, und diesen Irrtum meine ich. Nämlich den Irrtum, daß man sich einen Gedanken über Gott macht und von diesem Gedanken über Gott ausgeht, etwa von dem Gedanken: „Gott ist allmächtig!" Man kann auch einen Bibelspruch als Ausgangspunkt nehmen: Gott ist Liebe! – oder: Gott ist lieb! Und von da aus spinnt unsereiner seinen Faden weiter: Wenn Gott Liebe ist, dann müßte doch . . .!

Das sind Gedanken, in denen Gott vorkommt, und zwar mit allen großartigen Beiworten. Aber was dabei herauskommt, ist ein Gespinst, in dem nur wir selber hängen bleiben. Es sind zwar lauter logische Gedanken, Masche an Masche, aber das Netz ist zu klein, um Gott zu fangen.

In solchen Gespinsten hängen offenbar auch Leute, von denen hier im Jakobus-Brief geredet wird. Die sind gar auf den Gedanken gekommen: Wenn ein Mensch in Versuchung gerät und Böses tut, dann müsse das ja Gott veranlaßt haben, denn Gott ist allmächtig; wenn Gott aber allmächtig ist, dann kann man ihm nicht widerstehen, und wenn man ihm nicht widerstehen kann, dann geschieht überhaupt nur was er will und dann ist infolgedessen auch das Böse, das ich tue, – dann ist das letzten Endes Gottes Wille! Strich darunter: Gott macht alles, bin unschuldig!

Das führt so ungefähr zu der Logik des unglücklichen jungen Mannes, der sich in G. vor vielen Jahren einmal vornahm, die Probe darauf zu machen, was Gott alles tut. Er steckte einen Hammer ein und überfiel eine Rentnerin, wobei er sich sagte: Wenn Gott das nicht will, dann wird er mich schon daran hindern! Das ist Irrtum, Lästerung, Wahnsinn!

Wir sind nämlich nicht dazu aufgerufen, von „Gedanken über Gott" auszugehen. Da kann nur eine Anklage gegen Gott herauskommen und lauter hochmütige Entschuldigungen für uns selbst. Ja, von was sollen wir denn dann ausgehen?

Nicht von Gedanken über Gott – sondern von Erfahrungen mit Gott! Von Erfahrungen mit Gott, wie sie Menschen geschehen, die nicht mit ihren Gedanken Gott eingefangen haben, sondern zu denen er herunter gekommen ist und hat angefangen, sie zu erwärmen und zu bewegen. Sie kannten ihn gar nicht und sie wußten gar nicht, worauf das hinaus sollte. Solche Leute nennt man Christen.

Und solche Leute nennt man Apostel, die nicht von Gedanken über Gott ausgehen, sondern auf die Erfahrungen mit Gott eingehen. Und nun will ich bloß schnell – falls sich jetzt noch jemand daran erinnert – etwas zu diesem Brief sagen, in dem also jemand klagte: Wenn Gott Liebe ist, warum werde ich dann so wenig geliebt? Ich weiß nicht, ob der Betreffende meine Antwort verstanden hat. Ich habe ihm geschrieben, das sei zwar ein richtiger Gedanke, aber die Erfahrung mit Gott laute anders, nämlich die Erfahrung mit Gott laute so, daß wunderbarerweise wir durch Gott erst einmal Augen dafür bekommen, wo jemand neben uns Liebe brauche, und sie ihm zu geben versuchen. Indem wir uns von Gott bewogen fühlen, zu geben, strömt Kraft von ihm in unser Leben hinein. Wenn wir dagegen immerfort bloß mit den offenen Händen dastehen und fragen: Wer tut nun etwas hinein? – dann werden wir stehen bis an das Ende unserer Tage.

Er hat uns nämlich nicht dazu berufen, die Hände aufzuhalten, damit wir für uns etwas bekommen, sondern für andere Menschen. Er hat gesagt: Gehet, bewegt euch, ihr sollt meine Hände sein, die weitergeben, und dann werdet ihr lebendig und dann bekommt ihr Kraft. Das heißt: Von den Erfahrungen ausgehen; von den merkwürdigen und unerklärlichen Erfahrungen. Und wären sie nicht so merkwürdig und unerklärlich, dann müßten wir uns nicht jeden Sonntag wieder daran erinnern. Es geht anders zu zwischen ihm und uns als man sich das denkt.

Darum meint der Mann, der hier schreibt: Irret euch nicht! Und dann geht er nicht von Gedanken über Gott aus, sondern er gibt uns einiges von den Erfahrungen mit Gott weiter. Das ist der Punkt, auf den es hier ankommt. Daher ist die Frage, ob der Mann, dessen Name nun über diesem Brief mit „Jakobus" angegeben ist, – ob der nun wirklich Jakobus war, oder ob das ein anderer war, und welcher, völlig gleichgültig. Die Frage ist nur, ob die hier beschriebenen Erfahrungen stimmen, und das dürfen – ja, das sollen wir sogar nachprüfen.

Erfahrungen ergeben zwar kein großartiges Gedankensystem. Erfahrungen der Christen bleiben immer so weit außerhalb des Vermutbaren und Logischen, daß man kaum jemals eine ganze runde Theologie daraus machen kann. Was so wunderschön sich in Gedanken fassen läßt, einen geschlossenen Kreis ergibt, ist zwar wunderschön, aber viel zu klein, um den zu fassen, mit dem wir Erfahrungen machen dürfen.

Und nun sagt der Schreiber in unserem Text also zu uns: Irret euch nicht, spinnt nicht Gedanken über Gott aus, sondern geht einmal ein auf das, was hier bei euch passiert. Da kommen nämlich Gaben und vollkommen lebendige Gaben von oben herab von dem, der sogar unseren Gedanken unerreichbar ist, von dem Vater des Lichts! Da denken wir: Vater des Lichts – aha, das ist wieder einmal so ein philosophischer Ausdruck zum Nachdenken. Vielleicht erinnert ihr euch aber noch, wer gesagt hat: Ich bin das Licht der Welt! – dann wißt ihr, wesen Vater hier gemeint ist: Der Vater Jesu Christi, der Menschen zu seinen Brüdern macht und sie zum Vater bringt. Der Vater, das ist der, von dem in der Bibel zweimal ganz massiv gesagt wird: Niemand hat Gott je gesehen! Und dann geht es weiter: Aber der Sohn, der einzige, der in des Vaters Schoß ist, der ist gekommen; nicht um die Welt zu richten, sondern um ihr Kraft zu geben. Er ist gekommen, nicht weil wir ihn gerufen hätten – „Ihr habt mich nicht erwählt, sondern ich habe euch erwählt!" – und er ist uns so nahe gekommen, wie der Weinstock seinem Zweige ist: „Ich bin der Weinstock, ihr seid die Reben!" Und der Weinstock gibt seinem Zweige so viel Kraft, daß es sogar zu Früchten für andere reicht.

Nur: Ein Zweig kommt nicht auf die Idee, zu sagen: Jetzt will ich aber keinen Saft und keine Kraft mehr! Aber wir kommen schon immer wieder auf die Idee: Jetzt will ich für mich weitermachen, jetzt will ich allein weiter wachsen. Aber alle Gabe, alle Kraft kommt von dem Vater des Lichts, von dem Vater Jesu Christi, „bei welchem ist kein Wechsel des Lichts"!

Auch das ist keine philosophische Betrachtung, sondern das heißt: Was er angefangen hat, das hält er auch durch! Er macht es nicht wie wir, daß er unterwegs die Lust verliert, wenn er sieht, daß die Sache schwer ist oder lange dauert. Er geht seinen Weg zu Ende – das heißt einmal, daß er bis zu dir, bis zu mir und bis heute geht, und daß er nicht, schon etwas ermüdet von dem langen Wege durch zweitausend Jahre, meint: Na, für diese Gemeinde hier werde ich mich jetzt nicht mehr anstrengen; in Rom ist mir das ja auch nicht ganz gelungen! – oder dergleichen. Nein, nein, er meint das bei dir genauso ernsthaft wie bei Petrus und Paulus und all den anderen. Bis ganz zu dir kommt er.

Und er hat uns „zu Kindern" gemacht. Das ist der Name, den wir tragen, und den sollten wir gegen keinen Adelstitel und gegen keinen Doktortitel oder Professorenrang eintauschen. Kind Gottes ist immer noch der höchste Rang. Und es ist ein Name, der natürlich ganz anders ist, als die Namen, unter denen wir genannt werden möchten. Ich bin durchaus froh, wenn jemand von mir behauptet, ich sei in irgendeiner Weise ein ganz verständiger Mensch. Vor uns selber nennen wir uns manchmal auch tüchtige Leute, geduldige Leute, und wer weiß was. Das sind Namen, die wir uns geben.

Ganz stimmen die Namen zwar meistens nicht. Unser Nachbar hat ganz andere Namen für uns bereit. Unsere Namen, die wir uns selber geben, entspringen unseren Wunschvorstellungen oder unseren Verzweiflungen. Beides kommt vor: Daß wir uns zu hoch, und daß wir uns zu tief einstufen. Unser Nachbar beurteilt uns nach den

Erfahrungen, die er mit uns gemacht hat – und damit vermutlich treffender. Als Christen aber sollen wir die Erfahrung machen, daß sich der Vater Jesu Christi etwas dabei denkt, wenn er uns seine Kinder nennt, nämlich daß wir wirklich auf die Beine kommen, laufen lernen, von ihm versorgt werden und ihm ähnlich werden, so daß man ihn erkennen könnte an seinen Kindern, wie man ja auch sonst an Kindern die Eltern errät.

Das will auch dieser Vater nun fertig bringen, und das bringt er fertig, daß wir die „Erstlinge seiner Kreatur" seien, die Musterstücke, an denen zu sehen ist, was er aus Menschen machen kann. Da hat er sich ja allerhand vorgenommen, das kann man wohl sagen! Und wir sind eigentlich ein bißchen enttäuscht, daß wir jetzt nicht mehr davon hören, sondern es weitergeht: Brüder, ein jeder Mensch sei schnell zum Hören, langsam zum Reden und langsam zum Zorn! Was fällt denn dem Jakobus hier ein? Jetzt kommt er auf einmal mit etwas ganz anderem.

Was er da sagt, ist zwar eine kluge Sache. Wir lassen unser Mundwerk meistens schneller gehen als gut ist, und hören gar nicht hin, wenn der andere etwas sagt. Der Höhepunkt des Zustandes, in dem alle ganz schnell reden und sehr zornig werden und überhaupt keiner mehr zuhört, wird heute bezeichnet als „Diskussion". Das ist also die vollendete Fähigkeit, überhaupt nichts mehr zu hören und bloß noch zu reden, keinesfalls aber miteinander. Und der Zorn bleibt auch nicht aus. Oh, was könnte man dann für herrliche Betrachtungen machen! Natürlich der menschlichen Schwäche entsprechend wieder mehr Betrachtungen über andere; die eigenen Rede- und Hörfehler entgehen einem.

Gut und schön – nur ich habe den Verdacht, daß der Apostel darauf gar nicht hinaus will, über die klugen und nötigen Regeln des erst einmal hören, dann langsam reden und dann bloß nicht gleich wütend werden sich hier näher auszulassen. Es geht ihm doch um ein ganz besonderes Wort: Er hat euch zu Kindern gemacht durch „das Wort der Wahrheit". Und darauf geht es hinaus mit dem Hören, mit dem Reden und mit dem Zorn. Es geht hier um das Wort, mit dem Gott uns anruft.

Ja, wenn wir jemanden anrufen, z. B. einen Schläfer: „Franz!" – dann wacht er auf. Das ist aber auch alles, denn der Betreffende ist nämlich schon lebendig. Wenn dieser Vater Jesu Christi ruft, dann will und soll dieses Wort noch etwas anderes fertig bringen. Dann reicht es bis da hinein, wo unsereiner geradezu tot ist und nicht nur scheintot. „Wache auf!"

Darum heißt das Wort der Wahrheit nämlich ein „lebendiges" Wort, weil es das fertigbringt, wenn gesagt wird: „Stehe auf!", daß einer steht; „Erwache!", daß einer erwacht. „Wache auf, der du schläfst, und stehe auf von den Toten, so wird dich Christus erleuchten!" Darauf geht es bei dem Hören hinaus.

Und ich will es kurz machen und nur sagen: Damit ist durchaus daran erinnert, daß wir immer wieder einmal uns die Mühe machen sollen, auf das zu hören, was uns die alten Erfahrungen der ersten Christen sagen, auch wenn es nicht ganz in unsere Gedanken über Gott paßt. Wie er das macht, daß das lebendige Wort seiner Wahrheit darin steckt in diesen alten Worten, die einer vorliest, die einer nachspricht, das ist sein Geheimnis. Das brauchen auch wir nicht zu wissen. Wir dürfen nur immer wieder wissen: Die Erfahrung der Christen ist es, daß die Worte, treulich gesagt und redlich gehört, in manchem Augenblick Halt und Kraft gegeben haben und noch geben, wo kein anderes Wort uns helfen kann.

Schnell zum Hören – es macht etwas aus, wenn du dir morgens irgendeinen Bibelspruch einmal hergenommen hast, nicht als Zaubermittel, nicht als Wundermittel, bloß damit du wieder einmal dich daran erinnerst: Da ist einer, dessen Tonart ist das, er will auch den ganzen Tag noch mit mir reden, auch durch andere Menschen.

Und „langsam zum Reden" – das bezöge sich dann auch auf das Wort Gottes, und das ist auch wichtig. Wir sollen dann nicht fromme Sprüchlein klopfen, und wir sollen etwas vorsichtiger sein damit – scheint mir – immer gleich so zu reden, als hätten wir jetzt den ganz besonderen Auftrag, andere Leute zu belehren. Wenn einer ohne Trost und in Not ist, dann werden wir erst einmal mit ihm zuhören und im stillen unseren Vater fragen müssen, mit dem Traurigen zusammen erst einmal recht traurig sein dürfen, und dann wird uns unser Vater wohl helfen, daß wir auch etwas zu sagen haben. Nur nicht so vorschnell mit dem christlichen Vokabelschatz um sich werfen!

Vor allen Dingen aber langsam zum Zorn! Schon der alte Melanchthon hat das gewußt, daß es einen ganz besonders giftigen und widerlichen Zorn gibt. Das ist der Zorn der Theologen. Weil die nämlich immer meinen können – wirklich können – ,sie stünden jetzt da im Namen Gottes und ihnen sei die volle Wahrheit aufgegangen – und darum werden sie bei eines anderen Meinung leicht bissig und giftig. Das gibt es immer wieder. Darum langsam, langsam, langsam. Das Wort der Wahrheit ist niemals das Wort, über das unsereiner verfügt, sondern sein Wort. Höre!

Des Menschen Zorn tut nicht, was vor Gott recht ist. Auch nicht, wenn er im Namen Gottes eine ganze Zeit und eine ganze Welt verhöhnt und beschimpft, auch dann nicht! Auch dann stammt das wohl mehr aus Gedanken über Gott, aber nicht aus Erfahrungen mit dem, was er an seinen Kindern tut. Danach sollen wir uns fragen.

Darum „legt ab alle Unsauberkeit und Bosheit!" Das ist merkwürdig, als ob man einem das ausziehen könnte wie einen schmutzigen Rock! Ja, man wird diesen Rock wohl jeden Tag wieder ausziehen müssen, immer wieder klebt es uns an und immer wieder schlägt es durch aus unserem eigenen Wesen, daß wir nicht aussehen wie Kinder Gottes, sondern nach Unsauberkeit und Bosheit – wir alle.

„Nehmt das Wort an mit Sanftmut!" Das ist jetzt das Letzte, was ich euch sagen muß und sagen darf: Sanftmut ist hier nicht eine menschliche Anlage; es gibt Leute, die sind so furchtbar sanft, daß man schon gar nicht mehr unterscheiden kann, ob sie überhaupt wach sind oder schlafen. Nichts dergleichen ist gemeint. Es gibt eine ganze Menge von menschlichen Anlagen, die man Sanftmut nennen kann. Hier ist die Sanftmut gemeint, die einer lernt, der beschämt alle Tage sein mit Bosheit und Unsauberkeit beflecktes Mäntelchen wieder bemerkt, der jeden Abend mit Luthers Abendsegen wieder sagt: Vergib mir, wo ich Unrecht getan habe. Der bleibt sanftmütig, wenn er bemerkt, daß der andere auch immer wieder die gleiche Bosheit am Leibe trägt und „nimmt das Wort Gottes an", das in uns gepflanzt ist – in uns.

In uns gepflanzt, so wie man draußen in den Beeten pflanzt, in den Gärten; kleine, unauffällige Samenkörner, und daraus wächst etwas, das eine Pflanze wird. Seht ihr, es gibt da eine ganze Reihe wunderbar kluger Gedanken, und die sind natürlich auch alle richtig, wie menschliche Gedanken es sind. Vielleicht sind sie auch alle etwas kurz, wie menschliche Gedanken. So gibt es den klugen Gedanken: Der Mensch lebt in Vererbung und Umwelt, und die formen ihn. Und so weiter; richtig, klug und schön. Darüber laßt uns bei anderer Gelegenheit reden. Was da unsere „Anlagen" anbetrifft, da würden wir nur das herausbekommen, was für den Landwirt ja auch ganz gut und wichtig ist: So eine Art Bodenanalyse, eine Feststellung, was da so alles an Stoffen darin ist und nicht darin ist.

Aber wenn man es auch noch so genau festgestellt hätte, selbst aus dem besten Boden könnte nichts wachsen, und selbst in einem kümmerlichen Boden kann noch etwas wachsen, wenn einer das richtige Saatkorn hineintut und es hegt und pflegt. Das Wort, das „in euch gepflanzt ist, welches kann eure Seelen selig machen!" Seele – das ist ein anderes Wort für „Leben": Welches kann euer Leben lebendig machen alle Tage wieder. Laß das immer wieder Wurzeln finden in dir, du darfst das nämlich auch erfahren, so unglaublich das klingt; ich auch, und sogar heute wieder, daß einer sich vorgenommen hat, auch uns Erfahrungen damit machen zu lassen, daß er gekommen ist, auf daß wir Leben und volle Genüge haben, so viel, daß von uns noch Liebe zu anderen fließen kann, von uns dürren Steinen. Und vielleicht können wir es dann auch sagen: Von seiner Fülle haben wir alle genommen Gnade um Gnade! – Amen.

Rogate

Jakobus 1, 22–27

Liebe Freunde!
Es fängt mit einer ganz forschen Mahnung an: „Seid Täter des Wortes und nicht Hörer allein!" In einer etwas anderen Form und mit weniger apostolischen Worten sagen wir das einander immer wieder: Daß du aber auch ja machst, was ich dir jetzt sage! Wir beherrschen alle umgekehrt wieder die Kunst, beifällig zu nicken und „Ja" zu sagen, wenn man von uns etwas verlangt, es dann aber doch nicht zu tun.
Wir haben aber eine gute Entschuldigung. Meistens kann man das, was man uns da auferlegt, gar nicht so leicht schaffen. Deswegen ermüden einen diese wunderbaren Ratschläge, so daß wir sie dann vergessen. Das ist die Selbsthilfe der Natur, sonst würden wir an schlechtem Gewissen zugrunde gehen.
Dies ist also auch nur wieder eine von den bekannten forschen Mahnungen: Nun aber los an die Arbeit und tut etwas! Eine Mahnung, die wir ja immer wieder gebrauchen, so wie das Pferd ab und zu auch die Peitsche braucht – heute gibt es anstelle der Pferde den Traktor, der braucht aber statt der Peitsche den Gashebel – und Brennstoff!
Ich weiß freilich nicht, ob das als forsche Mahnung gemeint ist, wenn ich weiterlese: „Seid Täter des Wortes und nicht Hörer allein, wodurch ihr euch selbst betrüget!" Ein Hörer, heißt es, sei wie einer, der in den Spiegel schaut und vergißt, wie er aussah. Wenn es dem Mann, der hier redet, darum ginge, uns einmal, wie man so sagt, gehörig Dampf zu machen, dann hätte er doch nicht diese etwas spaßige Geschichte von dem Spiegel erzählt. Ich habe das Gefühl, daß der Mann, der hier redet, so etwas wie ein apostolisches Lächeln dabei im Gesicht hat; nicht diesen tierischen Ernst, mit dem wir einander zu ermahnen pflegen.
Es geht ihm natürlich auch darum, daß wir ja nicht vergessen, was wir gehört haben, und was zu tun ist. Dann aber bringt er auf einmal die Sache mit dem Spiegel: Da schaut einer hinein und vergißt was er sah! Das ist kein unnormaler Zustand von Zer-

streuung, sondern das ist der ganz normale Zustand: In einen Spiegel mußt du immer wieder schauen; es genügt nicht, sich einmal beim Rasieren im Spiegel gesehen zu haben, um dann auf längere Zeit zu wissen, wo der Bart sitzt. Am anderen Morgen muß ich wieder im Spiegel nachsehen. Also immer wieder bleibt es dabei: Schaut in den Spiegel! Aber was meint er denn hier mit dem Spiegel, oder was könnte dahinter stecken, hinter dem Spiegel, in den man schaut, und durch den man dann sogar hindurchschauen soll? Das ist ein höchst eigentümliches Gebilde, wie mir scheint.

„Seid aber Täter des Wortes", hieß es. Und nun kann ich es euch nicht ersparen, aber Gottseidank brauche ich es euch nicht zu ersparen, zu sagen, was das hier für ein „Wort" ist. Da steht nämlich zwei Zeilen vorher: „Nehmet an das Wort mit Sanftmut, das in euch gepflanzt wird, welches kann eure Seelen selig machen", und das heißt auf gut deutsch: Welches euer Leben lebendig macht. Das Wort, um das es hier geht, ist also nicht eine Parole, nicht ein Wort großer Anforderungen, nicht ein Programm, sondern das Wort sagt zu uns: Es werde! Es werde Leben in dir! Und dieses Wort kommt von dem, der alleine Totes lebendig machen kann, und das, was in dir ist, ruft, daß es sei. Das ist also ein Wort, das nichts verlangt, sondern an uns etwas tut, was wir selbst gar nicht fertig brächten. Mit diesem Wort wird etwas in uns gepflanzt. Und da bekommt es Kräfte und da wächst etwas in uns.

Es handelt sich also hier nicht um Worte über dich, wie du bist oder wie du sein sollst, sondern das Wort ist Lebensspruch, der dein Leben lebendig macht. In dein Herz kommt ein Samenkorn und da wächst etwas, und das soll nicht bloß blühen, da soll Frucht daraus werden. Es soll dahin kommen, daß Gott, der Herr, ein Kind hat, du einen Vater, und der neben dir einen Bruder, eine Schwester. Das soll daraus wachsen.

Und wenn es hier heißt: „Seid Täter des Wortes!", dann heißt es nicht, daß wir Entschlüsse fassen, sondern daß wir auffassen, aufnehmen, festhalten, was er uns geschenkt hat, denn es geht hier um ein Geschenk. Und deswegen – ich habe es spät genug gemerkt – deswegen schließt ja diese Rede „Seid Täter des Wortes und nicht Hörer allein" nicht mit dem Satz: Sonst betrügt ihr den, der es mit euch gut meint, sondern: Wenn ihr das jetzt nicht festhaltet, was er euch sagt, und in eurem Leben wirken und wachsen laßt, dann betrügt ihr euch selbst, dann bringt ihr euch selbst um die Gabe, um die Kräfte!

Also eben nicht: Spannt euch jetzt an bis zum äußersten!, sondern: Du armer, verschmachteter, nach Luft schnappender Mensch, der ganz schön Grund hat, an den anderen und an sich selber ein bißchen irre zu werden, aufgepaßt: Du bekommst etwas, du bekommst ein Wort Gottes in dein Leben bis in dein Herz hinein, das wächst und trägt und geht auf und bringt dich in Bewegung. Und wenn du nicht in Bewegung kommst, dann hast du dich, auf welche Weise auch immer, zugesperrt; nicht zu wenig angestrengt, sondern zugesperrt. Du hast das nicht so aufgefangen, wie du es durftest.

Nun aber noch einmal zu dem, was da von dem Spiegel gesagt wird. Da schaut also einer in den Spiegel und sieht sein leiblich Angesicht, vergißt dann, wie er aussah, und dann heißt es hier, jetzt solle er „durchschauen". Unversehens ist aus dem Beispiel von dem Spiegel etwas anderes geworden. Ein Spiegel zeigt einem, wie unsereiner aussieht. Und wie so ein Spiegel – wie merkwürdig – ist das Wort, das zu uns gesagt wird: Höre zu, du bist mein Kind! Ich, Gottes Kind? Und dann fangen all die Linien, die dazu nicht passen, an, uns zu stören und uns zu schmerzen. Genauso wie unsereinen, wenn er in den normalen Spiegel schaut, eben ewig schmerzt, daß er keine so wunderbar charaktervolle Nase hat, keine herrliche Figur. Da muß man immer wieder hinsehen – leider! Und die Frauen sehen dann zu allererst die Fältchen. Ja, so ist das.

Nun aber sehen wir das Stichwort: „Du bist mein Kind!" Das tut nämlich weh, weil ich darin „sehe", wie wenig ich dazu tauge. Und wehtun soll es auch. Und das soll es auch immer wieder. Du kannst und darfst nicht schläfrig sagen: Ja, ja, da bin ich nun Gottes Kind! Mache die Augen auf! Dann siehst du, daß du es eigentlich gar nicht bist.

Und dann heißt es: Jetzt schaut durch! Und da ist es, als ob in diesem Spiegel, in diesem uns entgegengehaltenen Spiegel Gottes zugleich der Umriß dessen erscheint, was wir werden sollen. Wie das jetzt aussehen soll, daß du sein Kind bist. Das „Gesetz der Freiheit", das du da erblickst, das ist nicht ein dickes gebundenes Gesetzbuch, weder das Grundgesetz noch etwas anderes; Gesetz, das heißt hier dasselbe wie Wachstumsgesetz. Das Gesetz, nach dem eine Blume wächst, ein Baum grün wird und Frucht auf Saat folgt.

Es ist dir zugesagt und gegeben, daß hier eines auf das andere folgen soll. Das ist sein Wille und sein Gesetz, daß du wächst, die Umrisse füllen lernst, die du haben darfst.

Das Gesetz der Freiheit heißt es deswegen, weil er so viel Lebenskraft jeden Tag in uns gibt, daß die Fesseln, auch immer wieder die Fesseln der Gewohnheit und der Kümmerlichkeit, auf die wir uns herausreden und sagen: Ich kann eben nicht anders! – und damit bekennen wir, wir wären Sklaven –, daß alle diese Fesseln und diese Kümmerlichkeiten immerfort wieder von ihm überwunden werden, von der Kraft des Lebens und des neuen Anfangs, die er jeden Tag in uns hinein gibt.

Und nun heißt es: „Wer durchschaut in das vollkommene Gesetz der Freiheit und darin beharret!" Hier kommt es also einfach darauf an, sich das immer wieder – seht einmal, wie klug unsere Sprache ist – einzuprägen. Und wenn es dein Konfirmandenspruch ist, den du dir einprägst, er wird dich prägen. Denn das ist nicht Gerede, daß irgendjemand da gesagt hat, sondern das ist ein Wort, das prägt und lebendig macht. Wer darin beharret und ist nicht ein vergeßlicher Hörer, der das wieder fallen läßt, sondern ein Täter, der wird selig sein in seiner Tat!

Ja, und da habt ihr es noch einmal. Selig heißt ja immer „lebendig". Er wird lebendig werden, indem er jetzt das tut, wozu er jeden Augenblick die Kraft bekommt von dem, der sagt: Du bist mein Kind! Und damit verlangt er nicht etwas von dir und mir, sondern damit hat er dir und mir etwas gegeben. Und jetzt laß das in deine Adern hineinkommen, dann wirst du lebendig. Spiel nicht den Lahmen, wenn er dich lebendig macht. Du kannst jetzt Gottesdienst halten.

Und da scheint diesem Mann etwas einzufallen, was uns ja auch einfallen kann, daß es auch einen sehr verkehrten Gottesdienst geben könnte: Wenn sich unter euch jemand läßt dünken, er diene Gott und hält seine Zunge nicht im Zaum, sondern täuscht sein Herz, des Gottesdienst ist eitel! Das kann natürlich zunächst heißen, was es immer heißen sollte: Wir tun gut daran, unsere Zunge in acht zu nehmen. Und einer, der mit Gott umgeht und mit anderen, wie ein Mensch Gottes mit anderen umgehen soll, der soll nicht so giftig mit der Zunge schwätzen. Er sollte die Zunge lieber im Zaum halten, und das gilt sicherlich ganz allgemein. Denn die Zunge ist – wie, wenn ich mich nicht irre, eine Feststellung Adenauers lautet – das einzige Glied des Menschen, das nie ermüdet, alle anderen werden einmal müde.

Schön, als allgemeine Mahnung ist das immer brauchbar, aber mir scheint, daß es jetzt einen besonderen Sinn bekommt für uns Christen, für unser Christenleben. Wenn wir nämlich merken: Da fängt einer etwas mit uns an, ich bin Gottes Kind, und es ist mir einmal eine Kleinigkeit leichter von der Hand gegangen, den Mund zu halten oder gar ein gutes Wort zu sagen oder zuzufassen oder zu helfen, dann verwandeln wir uns sofort in die christlichen Maulhelden. Die ersten Christen waren Zungenredner, die späten Christen sind Maulhelden: Beide Male gebrauchen sie die Zunge, aber auf sehr verschiedene Art und Weise, sei es, indem wir prahlen oder uns rühmen, sei es, indem wir jetzt sofort sagen: Siehst du, das mußt du auch machen!, oder die Welt belehren, wie zurückgeblieben die Zeit ist. Halte die Zunge im Zaum. Den Zaum für die Zunge – der Mensch besteht ja zum Glück nicht nur aus Zunge, sondern er hat auch noch das, was man in der Bibel „Herz" nennt. Das ist nicht der Sitz weicher Gefühle, das ist der Sitz von Entschlüssen und frohen Entscheidungen: Das und das will ich jetzt und das werde ich jetzt tun! Wer seine Zunge nicht im Zaum hält, der läßt die Zunge galoppieren und das Herz schläft ein. Halte die Zunge im Zaum und gib dann ruhig deinem Herzen einmal ein bißchen die Sporen. Es hat sich einer mit dir eingelassen, damit du etwas tust, damit ein Gottesdienst heraus kommt bei dir.

Und nun brauche ich nur noch eine letzte Warnung auszusprechen: Das Wort von dem „unbefleckten Gottesdienst vor Gott" und dem „Waisen und Witwen in ihrer Trübsal besuchen" nicht mißzuverstehen. Liebe Freunde, das hätte Jakobus bestimmt nicht gesagt, wenn er in unserer Zeit lebte, denn heutzutage ist soziale Arbeit eine enorm eindrucksvolle Tätigkeit. Jeder Mensch wird uns dafür loben. Mit den Witwen und Waisen sind damals Leute gemeint, die Hilfe brauchen, aber bei keinem finden. Und wenn da einer in die Winkel geht und hilft, dann sieht das keiner. Das ist also der ungesehene und unerwartete Liebesdienst. Ihr sollt nicht fragen ob sich das auszahlt, dem oder jenem zu helfen. Ihr zahlt ja auch nicht ein. Das Konto „Liebe", von dem ihr lebt, ist das Konto eures Vaters. Und je mehr ihr davon weitergebt, wir davon weitergeben, desto froher ist er, daß er zahlen kann und etwas in die Welt kommt von dieser guten Münze der ungesehenen Liebe.

Und das Letzte: „Haltet euch vor der Welt unbefleckt!“ Das meint nicht den Abstand von den bösen anderen. Die Welt, der Mensch, der etwas gelten möchte, bin immer ich selber. Der Mensch, der es sich bequem machen möchte, bin immer ich selber. Und „unbefleckt“? Nun ja, ihr wißt ja, wie das ist, wenn einer einen Apfel mit Flecken hat. Der Apfel fängt dann sehr schnell zu faulen an. Laß in deinem Leben keine faulen Stellen bleiben! Und jetzt hat es einen doppelten Sinn: Die faulen Stellen, von denen unser Leben faulig ist, das sind die Bereiche und Stunden des Tages, in denen wir meinen, nun sei es aber genug, Gottes Kind hätten wir jetzt immerhin eine ganze Weile dargestellt, nun seien wir wieder einmal wir selber. Das wäre eine ganz faule Stelle und du würdest dich nur darum bringen, daß die Kraft, die sogar unsereinen wachsen läßt, wieder in dich hineinkommt. Du darfst ihn ja jederzeit darum bitten.

Merkwürdige Sache! Zweierlei ist merkwürdig am Gebet des Christen: Erstens gibt er als Beter immer schon Antwort, denn das erste Wort hat der Vater gesagt: Mein Kind! Und nun tust du den Mund auf und antwortest: Mein Vater! Und er sagt: Bittet! Nicht weil er nicht weiß, was wir nötig haben, sondern damit wir uns immer wieder daran erinnern: Er weiß, was wir brauchen.

Und die zweite Besonderheit am Gebet des Christen: Er darf das „Amen“ selber sagen und darunter setzen: Ja, ja, es wird also geschehen! Es gibt kein Gebet, keine Antwort an den, der gesagt hat: Mein Kind!, die er nicht hört. Vielleicht einmal anders, aber allenfalls dann wunderbarerweise und stärkender, als wir erwartet haben. Daß wir Antwort geben und so sicher erhört werden und beschenkt werden, mit allem, was wir brauchen, um seine Kinder zu sein, daß wir sogar selber „Amen“ darunter setzen, das ist wahrhaftig eine frohe Sache und keine Angelegenheit düsterer Ermahnungen.

Herr, laß uns merken, wie wunderbar das ist, was du wirklich mit uns tust. Und fange es heute wieder an. – Amen.

Himmelfahrt

Apostelgeschichte 1, 1–11

Liebe Freunde!
Als Kind habe ich diese Geschichte selbstverständlich gehört. Und wie alle Geschichten, in denen etwas vorgeht, hat sie mir besonders gefallen und mir Eindruck gemacht. Aber wir bleiben ja keine Kinder, und Bildergeschichten befriedigen uns dann nicht mehr. Wenn man mich in späteren Jahren gefragt hätte, was denn mit dieser Geschichte von Himmelfahrt anzufangen sei, dann hätte ich, wenn ich ehrlich geanwortet hätte, wahrscheinlich gesagt: Am besten ausradieren! Das ist eine Geschichte – hätte ich gesagt – die ein ganz anderes Weltbild zugrundelegt, und so weiter, und so weiter. Ich erspare es euch! Es wäre mir damals zwar klug vorgekommen, was ich gegen die Himmelfahrtsgeschichte zu sagen gehabt hätte. Ich muß aber zugeben, daß es mir heute nicht mehr so klug vorkommt. Wenn jemand wie ich bei dem einen oder anderen Stück dieser alten Berichte Lust bekommt, auszuradieren, dann mag das damit zusammenhängen, daß wir immer damit rechnen, es müsse das, was Gott vornimmt, sich zusammenreimen mit dem, was wir uns unter dem Wort „Gott“ denken oder vorstellen. Es könnte aber sein, daß er das alles ganz anders anfängt. Es könnte wirklich mit der Bibel so sein, wie es manchmal scheint: Auf die Fragen, die ich stelle, bekomme ich in diesem Buch keine Antwort. Ich bekomme aber lauter Antworten auf die Fragen, die ich gar nicht gestellt habe und die mich zunächst gar nicht so berühren.
Nun, man hat mich nicht gefragt, ob die Himmelfahrt Jesu ausradiert werden soll. Heute würde ich sagen: Dieser Bericht mag zu den Stellen gehören, bei denen man sich sagen sollte: Ich verstehe es zwar noch nicht, aber irgendetwas soll ich wohl auch hier erfahren! Und nun laßt uns das noch einmal anschauen, was da am Anfang der Apostelgeschichte steht, was da berichtet wird von dem Fortgang Jesu.
Schon das Wort „Fortgang“ stimmt nicht ganz, denn er geht nicht irgendwo in die weite Ferne, sondern „in den Himmel“, und der ist überall. Es ist also ein „Fortgang“, der nicht ferne und weit weg

von uns führt. Und wie das geschieht, das wird auch nicht so eindrucksvoll beschrieben, wie wir das möchten. Gesetzt den Fall, es hätte damals in Jerusalem bereits eine Bildzeitung gegeben, dann hätte es nach Himmelfahrt keine Balkenüberschrift gegeben. Denn was da geschieht, ist nicht dazu bestimmt, auf die Welt den Eindruck einer großen Sensation zu machen, sondern wird ganz zurückhaltend eingeschränkt auf den Kreis einiger Leute, die es nun nicht schildern, nicht berichten oder einfach als Erzählung weitergeben sollen, sondern die nun wissen sollen, was von nun an mit ihrem Leben beabsichtigt ist. Für einen ganz kleinen Kreis, den er sich erwählt hat, so wie er ja auch als Auferstandener nicht zu einem großen sensationellen Auftritt nach Jerusalem kommt, sondern zu denen, die da furchtsam hinter verschlossenen Türen sitzen.

Was als Himmelfahrt geschieht, wird sehr zurückhaltend geschildert. Es wird sogar gesagt: „Starrt nicht in den Himmel!“ Es ist also nicht darauf abgesehen, unsere himmlische Geographie zu erweitern. So wenig, wie seine Begegnung mit den Jüngern, denen er als der gleiche, der er war, und doch ein ganz anders Lebendiger in den Weg tritt, so wenig diese Begegnungen dazu dienen sollen, uns Material zu liefern für Betrachtungen über das Fortleben nach dem Tode. „Starrt nicht in den Himmel“, zerbrecht euch nicht den Kopf über das, worauf es hier gar nicht ankommt, sondern begreift, worauf es hier ankommt. Ja, worauf kommt es denn hier an?

Ich darf noch etwas vorausschicken: In einer Hinsicht werden wir diesen Bericht vielleicht besser verstehen können, als wir ihn in bestimmten Zeiten verstehen konnten. Wenn hier in diesem alten Bericht das Stichwort „Himmel“ fällt, ist damit etwas gemeint, was fester und beständiger ist als diese Erde. Himmel ist nicht ein luftiges Irgendwo. Das zu verstehen, könnte uns heute leichter fallen. Vielleicht kommt es uns heute nämlich manchmal so vor, als säßen wir auf dieser Erdkugel wie in einem Raumschiff, das da immer noch kreist und seine Bahn zieht. Und ein Raumschiff ist ein sehr unsicherer Aufenthalt. Was in dieser Geschichte „Himmel“ und „zur rechten Hand Gottes“ heißt, wäre dann der Platz, auf den dieses kreisende Kügelchen mit uns zugesteuert wird: Dort, wo es zu landen hat; bei dem, der es auf seine Bahn geschickt hat. Der zu uns auf diese Welt kam, nimmt nun seinen Platz wieder ein; seinen

Platz dort, wohin alle unsere Bahnen und die Bahn der ganzen Welt gelenkt wird.

Er nimmt seinen Platz ein und er weist seinen Leuten ihren Platz. Das steckt in dem einen Wort, das er sagt: Ihr werdet meine Zeugen sein! Das bedeutet nicht, daß sie Berichterstatter dieses wunderbaren Ereignisses sein sollen. Das tun sie auch später nicht, daß sie erstaunliche Geschichten über Jesus erzählen, das tun sie nicht. Zeuge – das ist etwas ganz anderes. Und was das ist, verstehen seine Jünger zunächst einmal selber nicht. Sie sind Leute genau wie wir. Sie fragen ihn aus. Sie meinen, wenn sie überhaupt jetzt etwas zu tun hätten, dann müßten sie den Menschen Bescheid sagen können über die wichtigen Termine der Weltgeschichte – wann wirst du das Reich aufrichten? –, über die Art, wie Gott mit dieser Weltgeschichte jetzt verfährt, gewissermaßen über die Akteinteilung alles dessen, was nun geschehen wird. Und vielleicht meinen sie auch, wenn sie die „Zeugen Gottes" sein sollten, sie sollten auch ein wenig die Regie dieser Welt übernehmen.

Aber nichts davon ist gemeint: „Es gebührt euch nicht, zu wissen Zeit oder Stunde, welche der Vater seiner Macht vorbehalten hat." Zeugen, das sind also nicht Leute, die sich mit großen wichtigen Aufschlüssen, die allgemein interessant sind, eine Rolle in dieser Welt verschaffen können. Sie können weder Termine nennen, noch steht ihnen zu, die Regie in dieser Welt zu übernehmen. Zeuge, das ist etwas ganz anderes.

Sie sind nicht einmal besonders geeignete Leute, diese Zeugen. Es unterscheidet sie nur eines von anderen Menschen: Daß er mit dem Finger auf sie zeigt und sagt: Du bist jetzt mein Zeuge. Und er hinterläßt ihnen keine Anweisung, wie man sich nun darauf einübt. Der Finger zeigt auf sie: Ihr werdet meine Zeugen sein, ihr werdet unter meinem Zeigefinger leben.

Es gibt da ein Bild, an das ich mich erinnere, aber es ist vielleicht nur eine poetische Erinnerung: Da hat Michelangelo gemalt, wie Adam zum Leben erweckt wird: Gott zeigt mit dem Finger auf ihn – und Adam richtet sich auf! Ich sagte, das ist nur ein poetisches Bild, von dem Finger zu reden. Wenn wir mit dem Finger auf jemanden zeigen, dann schaut der uns entweder empört oder betroffen an, oder auch stolz, wenn wir ihn loben, aber es ändert sich an ihm nichts.

Unter diesem Zeigefinger ändert sich aber etwas am Leben der Zeugen. Was denn? Sie leben von nun an unter einem offenen Himmel, denn von dort her zeigt er auf sie. Zeugen leben von nun an unter einem offenen Himmel und dürfen das wissen.

Unter einem offenen Himmel wird vieles anders. Es könnte sein, daß Leben und Sterben, wie wir es kennen, unter so einem offenen Himmel anders aussieht. Es könnte sein, daß unter so einem offenen Himmel, ganz nahe und durch nichts mehr getrennt von dem, der Leben und Schicksal gibt und erhält, es könnte sein, daß Arm-Sein etwas anderes wird und Reich-Sein. Es könnte sein, daß manches, was sehr kümmerlich für Menschenaugen aussieht, unter einem offenen Himmel lauter Reichtum und Ernte wird, und was sehr reich und sehr bequem aussieht, als ein Ersticken und Verkümmern erscheint. Das könnte sein. Haben und verlieren, zu Hause sein und wandern, Frieden haben und Wohlstand haben oder Not haben – unter einem offenen Himmel wird das anders.

Wir sollten das nicht unbedingt nur in das Innenleben verlegen und meinen, daß seine Zeugen das nur anders empfinden. Wenn uns – nämlich auch uns! – gesagt ist, daß da einer sich uns zuwendet und auf uns zeigt: Ihr seid meine Zeugen!, dann tut das der, von dem es heißt, daß er sogar Sperlinge zählt. Dann sollten wir nicht immer nur meinen, daß es dabei nur um innere Verwandlungen im Menschen gehe.

So sicher das, was in uns wächst oder welkt, ganz gewaltige Bedeutung hat und wichtiger und entscheidender ist als manches Äußerliche, so sicher bleibt mir, daß er noch die Sperlinge zählt. Darum bleibe ich dessen sicher und habe es auch erfahren, daß er sogar Kranke heilt, leibhaftig Kranke, daß er Kräfte ersetzt und Kraft nimmt, daß er sich nicht Grenzen vorschreiben läßt, bis zu denen er in „inneren Bereichen" wirken dürfe und darüber hinaus nicht. Nur – und nun müssen wir noch einmal auf das eine Wort zurück – das alles, damit wir seine Zeugen seien.

Ein Zeuge ist nicht jemand, der genießerisch vor dem Gerichtsgebäude auf und ab spaziert und sagt: Ich bin Zeuge! Ein Zeuge ist jemand, der für andere da ist. Unser Herr zeigt auf uns, auf Menschen, damit diese Menschen unter seiner Hand und unter seinem offenen Himmel Leute werden, an denen andere wahrnehmen, wie es ist, wenn einer in der Nähe Jesu Christi wächst.

Ein Christ, das ist ein Mensch, der in der Nähe Jesu Christi wächst, und zugleich jeden Tag wieder wahrnimmt, daß er in sich zusammenfällt. Das ist ganz gewiß wahr, daß ein Zeuge jeden Tag ein gutes Stück demütiger wird, und jeden Tag ein gutes Stück seinen Herrn nötiger hat; so bleibt er in der Nähe seines Herrn und gerät unter seine Herrschaft. Damit wird er brauchbar dafür, daß sein Herr anderen die gute Botschaft, daß er nämlich jetzt doch nahe ist, zeigen und weitergeben kann.

Das ist nicht immer eine Sache des großen Redens. Ihr wißt es, ich habe es gesagt und sage es mir selber: Ein Mensch, der in der Nähe Jesu Christi lebt und wächst und von dem andere etwas haben, das ist nicht einer, der glänzend über die Nähe Jesu Christi reden kann. Ein Zeuge Gottes ist nicht einer, der über Gott reden kann, sondern, das ist immer einer, der mit seinem Herrn redet. Und alles andere tut der Herr dann selbst; daß einer ein lebendiges Zeugnis dafür wird, daß es nicht müßiges altes Gerede ist: „Der Himmel ist offen, du hast einen Herrn!"

Mit diesem Abschnitt beginnt die Apostelgeschichte. Es beginnt die Geschichte, in der Menschen für andere Menschen zum lebendigen Zeugen und zum Zeugnis werden. Nicht besonders geeignet, nicht besonders befähigt, auch nicht frei von vielen Mißverständnissen, aber lebendig gemacht durch seine Hand, die auf sie zeigt.

Und hat er nicht gesagt, bis an das Ende der Erde will er das so machen, daß er sich Zeugen macht? Welches Ende der Erde liegt denn nicht unter diesem offenen Himmel? Liegen wir etwa außerhalb des Endes der Erde? Das Wunderbarste an diesem Himmelfahrtstag ist und bleibt doch das, daß er also heute über uns doch auch wieder vom offenen Himmel her mit seinem Finger auf uns zeigt. Gott sei Dank! – Amen.

Exaudi

1. Petrus 4, 7–11

Liebe Freunde!
An sich gehört der erste Vers nicht zu dem, was man die Epistel für den Sonntag Exaudi nennt, nämlich der Vers: „Es ist nahe gekommen das Ende aller Dinge!" Aber heute haben wir einmal die Gelegenheit, zu sehen und zu hören, ob etwas hinter diesem Spruch steckt. Ich weiß nicht, warum man auf diesen Vers 7 verzichten wollte. Ich könnte mir denken, daß kluge Leute überlegten: In jener Zeit der frühen Christenheit erwarteten die Leute jeden Augenblick den jüngsten Tag, die große Katastrophe; die kam dann aber nicht, und allmählich müssen wir Christen uns auf Dauerhaftigkeit der Welt einrichten; der Glaube an das nahe Weltende ist eine altertümliche Sache und ein peinlicher Irrtum!
Nun fragt es sich freilich, ob die Christen damals das Stichwort vom „nahen Ende" wirklich nur als das Wort von einer nahen Katastrophe verstanden haben. Das ist nämlich noch gar nicht sicher. „Ende" heißt zwar sicherlich, daß etwas zum Letzten kommt und zu Ende geht und dann ist es aus und vorbei, ganz und endgültig. Das merkt man deutlich, wenn der Monat zu Ende geht; dann ist der Monat vorbei und in der Haushaltskasse geht es dann auch zum Ende, da ist dann nichts mehr. Auch das ist in gewisser Weise manchmal eine Katastrophe.
Wenn also das Ende, der Untergang der Welt, in unserem Text gemeint wäre, dann bliebe den Christen nur eines zu sagen: Hoffentlich kommt es bald, und am besten lassen wir uns mit dem ganzen Unternehmen Welt nicht mehr allzuviel ein! Das kann aber so nicht gemeint sein, sonst hätte der Mann, der hier redet, ein paar Kapitel vorher nicht gesagt: Nun, Freunde, ihr als freie Christenmenschen sollt mit aller Gelassenheit jetzt in dieser Welt helfen, wo geholfen werden kann; bauen, wo gebaut werden kann; aufbauen, wo etwas einstürzt; Ordnung erhalten, damit Menschen leben können, auch die notdürftige Ordnung. Das reimt sich aber nicht besonders gut auf das nahe Ende. So haben die Christen wahrscheinlich mit dem Wort vom nahen Ende gar nicht sagen wollen: Demnächst wird der

ganze Plunder zusammenfallen, was geht er uns noch an, hoffentlich ist er bald weg!

Natürlich haben sie, wenn sie über die Zukunft der Welt nachdachten, auch nicht wie wir vom Fortschritt geredet. Wer an den Fortschritt glaubt – und das sind sehr ehrenwerte und gute Leute –, der kann allenfalls aus der Bibel und aus diesem Text einige gute Rezeptchen für die Verbesserung der Welt entnehmen: Seid liebevoll zueinander, denkt aneinander, auf daß der Weltpolitik eine Weltinnenpolitik folge, oder wie man das so nennt. Ich bin der Meinung, andere Leute können über das, was die Welt politisch nötig hat, auch welt-innenpolitisch, besser reden als die Christen.

Aber ich will uns nicht langweilen mit dem, was hier nicht gemeint ist. Sondern heraus mit dem, was gemeint ist! Wer es wissen will, der braucht nur in das erste Kapitel zurückzublättern. Da steht: „Ihr werdet eures Glaubens Ende davonbringen!" Da bedeutet „Ende" eben nicht: Dann ist es aus!, sondern da heißt es: Ziel! Und das meine ich: Es ist nahe gekommen das Ende, das heißt: Wir haben das Ziel in das Auge fassen dürfen, auf das es mit uns allen hinaus will! Zwischen „Ziel" und „Ende" ist aber ein Unterschied! Wer „Ziel" sagt, der hat gemerkt, daß unser Leben, von dem die Menschen bald meinen, daß es demnächst per Katastrophe endet, oder auch bald wieder meinen, daß es sich immer reibungsloser fortschrittlich entfaltet – wer „Ziel" sagt, der hat gemerkt, daß mit diesem Leben etwas ganz anderes los ist: Uns hat Gott, der Herr, entworfen, gewollt, und nun tritt er zu uns und will uns und unser Leben zur Vollendung bringen, zur Erfüllung.

Ziel – das heißt Vollendung, die Vollendung ist nahe! Jetzt seht zu, daß ihr nicht von dem Wege abkommt, auf dem nun mit Gottes Hilfe eure Schritte nicht mehr in das Sinnlose gehen sollen, sondern auf den zu, der auf euch wartet, der sich auf euch freut. Denn wenn es in der Bibel heißt: „Gott ist die Liebe!", bedeutet das merkwürdigerweise: Gott freut sich auf uns! Er hat unser Leben gewollt, er will es leiten, und er wartet, daß er uns nun ganz zu sich nehmen kann. Das ist die Meinung der Christen.

Nun setze ich sofort und ohne Zögern hinzu: Das kann man zwar so wiederholen und sagen: Das ist die Meinung der Christen! Aber man kann gar nichts dagegen sagen, wenn die Leute um uns lächelnd oder höhnisch bemerken: Das ist eben das alte fromme Gerede von

Gott, ich merke davon aber gar nichts! Es ist noch niemals möglich gewesen, irgend jemandem, indem man lange auf ihn einredet, glaubhaft zu machen, daß ausgerechnet sein Leben von Gott entworfen sei und Gott auf Vollendung dieses Entwurfes hinarbeite. Es ist im Gegenteil immer sehr leicht möglich gewesen, den Menschen den Zweifel daran beizubringen, daß Gott selber sich um jeden Einzelnen wie um einen Unersetzbaren kümmern sollte. Gott ist doch viel zu groß und hat doch viel zuviel zu tun mit Welten und Milchstraßen, als daß er auch nur die sämtlichen Figuren, die man vielleicht auf einem Fußballplatz sich drängen sieht, so wichtig nehmen könnte wie ein Vater seine eigenen Kinder.

Es gibt keine Möglichkeit, das jemandem zu beweisen, und vieles spricht dagegen. Das können Menschen nur gewahr werden, wenn sie sich darauf einlassen, daß ihnen diese Zusage und dieser Aufruf durch Jesus Christus gesagt wird. Wenn sie dann mühsam und zweifelnd vielleicht, tastend versuchen, einmal dieser Stimme und dieser Zusage nachzugehen, und wenn sie immerfort wieder horchen und fragen: Wo bist du? und rufen: Nun hilf mir! – mit anderen Worten: Wenn sie reden und dem Antwort geben, der uns ruft in seinen unbegreiflichen Verheißungen, auf ihn hören und ihre Schritte und sich selbst in Bewegung bringen lassen, um in der Nähe dessen zu bleiben, der uns ruft, dann können sie gewahr werden, ob etwas an dem ist, was die Christen da lange genug erzählt haben. Anders wohl nicht.

Und deswegen ist die Hauptsache in diesem Text nicht diese oder jene Regel. Hier steht nämlich nun: Paßt auf, Freunde, ihr seid jetzt schon auf dem Wege, der nach dem Willen Gottes nicht in das Sinnlose, sondern zu ihm selber in das Leben führt; darum haltet die Verbindung! Darum betet! Wenn es nämlich dann wieder heißt: Seid mäßig und nüchtern!, dann heißt das nicht so allgemein, daß ein nüchterner Mann besser ist als ein betrunkener und ein mäßiger besser als ein unmäßiger, sondern dann ist das die Voraussetzung für das Beten.

Seid mäßig und nüchtern zum Gebet, haltet dauernd Verbindung mit Gott, sonst verliert ihr den Weg zum Ziel wieder aus den Augen, sonst wird euch das wieder ganz unglaubhaft, daß mit euch sich Gott selber etwas vorgenommen hat. Die Mäßigkeit und die Nüchternheit und die Nachdenklichkeit, die sollen unsereinem in das

Gedächtnis bringen, daß wir nur, wenn wir mit ihm reden, was die Christen „beten“ nennen, auf diesem Wege bleiben können. Wenn wir Betrachtungen über Gott anstellen, dann kommt ganz und gar nichts heraus.

Mäßigkeit – natürlich ist das eine Warnung vor Ausschweifungen und besagt auch: Verliert euch nicht in dem berauschenden Betrieb dieser Welt. Woran Menschen sich berauschen, das sind vorletzte Dinge, das ist nicht das, was sich vollenden wird. Das steckt selbstverständlich auch in der Mahnung zur Mäßigkeit. Es ist aber vielleicht gut, wenn wir daran denken, daß Mäßigkeit auch zu tun hat damit, daß wir – und jetzt erschreckt nicht – daß wir die Tugenden nicht übertreiben. Das kann man nämlich auch tun, und besonders uns Deutschen sagt man nach, daß wir eine besondere Fähigkeit hätten, aus Tugenden geradezu Laster zu machen. Wir Deutschen arbeiten, das tun wir aber dann so tierisch, daß kein Feierabend mehr bleibt.

So übertreiben wir auch in anderer Hinsicht. Wie Deutschen haben die seltene angeborene Tugend, zu gehorchen. Das übertreiben wir dann aber gleich so, daß sich uns ein Verbrecher ins Genick setzen und unser ganzes Land und ein gutes Stück der Welt ruinieren konnte. Daraufhin entwickeln wir nun die Tugend des Widerstandes, aber die entwickeln wir so gründlich, daß wir alles zerschlagen möchten, was nach Gehorsam aussieht, und demnächst jeder jedem widersteht. Daher wäre es heute mäßig und nüchtern, zu beten: Herr, behüte uns vor unseren Tugenden; vor unseren Lastern werden wir uns schon eher selbst hüten können, denn bei Lastern merkt man schon selber, daß sie uns zugrunde richten!

Außerdem verführen Tugenden uns dazu, uns an der eigenen Vortrefflichkeit zu berauschen, unsere Mitmenschen von oben herab zu betrachten und an ihnen kein gutes Haar zu lassen. Mäßig und nüchtern sein – damit verfallen wir weder der maßlosen Tugend noch der Ausschweifung. Dann behalten wir das Maß, das Nachdenken, mit dem wir uns nun nüchtern sagen: Wenn ich denn gerufen bin, hier dabei zu sein bei dem, der unser Leben entworfen hat, der es führen und vollenden will, und das Leben der anderen auch, dann will ich auf ihn hören und reden und Antwort ihm geben. Seid mäßig und nüchtern zum Gebet – Maß und Nüchternheit sind die Vorbedingung, daß du den Mund wieder zum Beten aufbekommst. An unserer Unmäßigkeit in Tugenden und Ausschweifungen liegt es, wenn wir das Beten so leicht vergessen, auch an unserer tugendhaften Unmäßigkeit.

Und betet! – das heißt hier offenkundig: Betet miteinander! Ich weiß aus eigener Erfahrung, daß man sich gerade davor schrecklich schämt und fürchtet. Allenfalls murmelt man gelegentlich ein Gebetlein still für sich. Aber er hat nun einmal – und das ist hier gemeint – er hat nun einmal uns geraten: Gebt miteinander Antwort, redet gemeinsam, damit ihr euch nämlich immer gemeinsam daran erinnert, daß er uns nicht mit seinen Verheißungen eine Art von frommer Selbstbedienung eröffnet hat, mit der man sich in einer stillen Dämmerstunde wieder auf die Beine bringen läßt. Sondern er hat mit uns geredet, damit wir mit ihm und immer auch mit den anderen zusammenkommen.

Daran kann uns nur das Beten erinnern. Auch das große Gebet, das uns Christen gegeben wurde, das Vaterunser, ist ein Gebet, das im Grunde ein gemeinsames Gebet ist und für die ganze Welt gesprochen wird, wann immer einer es nachspricht. Oder was ist denn sonst gemeint mit dem „Unser“? Jedenfalls doch nicht, daß ich für mich allein beten soll.

Und um das zu können – oder um es wieder zu lernen, das gemeinsame Beten, dazu braucht ihr das, was hier genannt ist: Inbrünstige Liebe! „Brunst“ hat bei uns einen sehr häßlichen Beigeschmack, aber hier bedeutet „inbrünstig“: Bringt für einander etwas mehr Herzenswärme und Temperatur auf, als nur die flaue alltägliche Wärme, mit der wir den anderen nun zwar nicht gerade kränken, ihn wahrhaftig aber auch nicht lieben.

„Die Liebe deckt der Sünden Menge“, das ist zunächst einmal hier zitiert als eine ganz alltägliche Erfahrung. Wer verliebt ist, der wird die tollsten Fehler gar nicht gewahr, die der andere hat. Aus dieser alten Erfahrung sollten wir aber nun eine neue Erfahrung machen: Wer merkt, wie lieb bei unserer ganzen Kümmerlichkeit uns unser Herr und Gott immer noch behält – sonst ließe er uns das alles ja nicht ausdrücklich sagen! –, der bringt es fertig, den anderen auch zu ertragen mitsamt seinen Fehlern, mitsamt seinen Bosheiten, mitsamt seinen Ecken und Kanten. Und zwar nicht, indem er diskutiert, das durch Aussprachen klärt – Aussprachen hat der Teufel erfunden –, sondern indem er die Kunst des Zudeckens versteht.

Die Kunst des Zudeckens ist etwas anderes, als die des Beschönigens. Wer die Gefährlichkeit des anderen beschönigt, der schließt einfach die Augen. Wer aber „zudeckt", der sieht sehr wohl, wie gefährlich boshaft der andere sein kann. Aber er behält mit den Augen auch zugleich das Herz für den anderen auf und rennt vor der Bosheit des anderen nicht gleich weg, sondern bleibt bei ihm – und du und er, ihr sollt zusammen bleiben. Es ist ja einer, der euch hilft und der das immer wieder fertig bringen wird. So sollt ihr „einmütig" werden.

Dazu rechnet hier auch die Gastfreiheit. Die hat nichts mit unserem Partybetrieb zu tun. Eher verstehen wir, was mit „Seid gastfrei" gemeint ist, wenn wir an die Zeit denken – es ist jetzt fast 30 Jahre her –, als die Trecks über die Straßen zogen. Das „Seid gastfrei!" hat da bedeutet: Tür auf und herein, so viel Platz und Speise im Hause ist. Und nicht gefragt: Woher? Und nicht gefragt: Ob es denn dann für uns noch reicht? Diesen Vers muß man lesen unter anderen Vorzeichen als denen unserer Wohlstandszeit, sonst versteht man unter „gastfrei" eine Aufmunterung zu geselligem Zeitvertreib. Hier aber heißt es: Helft einander, laßt einander nicht los, laßt den anderen nicht ohne Brot. Und das gilt nicht nur für die Menschen in deiner nächsten Nähe.

Und nun erst folgt: Dienet einander, ein jeglicher mit der Gabe, die er empfangen hat. Ich will diesen Spruch einmal von hinten her aufnehmen: Bitte, dienet einander mit der Gabe, die ihr empfangen habt, und stellt euch nicht darauf ein, einander mit Gaben zu dienen, die ihr gar nicht empfangen habt! Es gibt zum Beispiel Leute, die sind der Meinung, sie hätten die Gabe, die ganze Welt zu erziehen. Aber ausgerechnet diese Gabe, das zu tun, haben sie nicht empfangen. Vielleicht empfingen sie eine andere, vielleicht die Gabe der Geduld. Mit der sollten sie dann dienen.

Wir empfangen von Gott nicht immer die Gabe, die wir möchten. Denkt euch nicht selber aus, was ihr jetzt am liebsten zum Wohle der Gemeinschaft tun müßtet. Nur einer, der immer wieder es versucht, mit Gott zu reden, kann darauf kommen, wo vielleicht der Auftrag und die Gabe und die Kraft liegen, die er empfangen hat, die er weitergeben und mit der er anderen dienen soll.

Werdet Haushalter – das heißt: Gebt weiter, was ihr anvertraut bekommen habt. Haushalter teilen aus dem Vorrat ihres Herrn aus. Keiner ist darauf angewiesen, Reichtümer anzusammeln. Für Vorrat sorgt der Herr, und es wird manchem mancherlei gegeben; der Herr liefert da sehr verschiedene Dinge.

Was er uns gibt, das braucht nicht immer die große geistliche Glaubensgabe zu sein, es kann der Geist der Festigkeit, es kann die Fröhlichkeit sein. Es kann die Gelassenheit sein, die Fähigkeit, einen Streit zwischen anderen zu schlichten. Es kann auch die Fähigkeit sein, in irgendeinem Falle einmal nur ein gutes Wort zu sagen und nicht fünfundzwanzig unnütze hinterher. Es kann auch die Gabe sein, zu schweigen.

Sieh nach, was deine Gabe ist, was er dir gibt, damit du anderen damit dienen kannst, denn ihr müßt beieinander bleiben. Ihr müßt beieinander bleiben und miteinander den Mund und die Ohren auftun, sonst wißt ihr nicht, wo der Weg geht.

„Wenn jemand redet, rede er es als Gottes Wort", das heißt nicht, daß er sich aufblasen und meinen soll, es sei das, was er gesagt hat, schon darum Gottes eigenes Wort, weil „Gott" in seinem Gerede vorkommt und er sich für seine Meinungen auf die Bibel beruft. Das kann man auch in rechthaberischer und liebloser Weise tun. „Was ihr redet, das sei Gottes Wort", das heißt wohl eher: Tut gefälligst nichts dazu und laßt gefälligst nichts weg, beispielsweise auch nicht dieses Wort „Das Ziel ist in Sicht!" – laßt es nicht weg. Macht euch nicht ein Ausschnittchen nach eigenem Geschmack zurecht, schon lange nicht ein Ausschnittchen aus der Bibel.

Und so jemand ein Amt hat, der walte seines Amts! Eigentlich heißt es so: So jemand Diakonie hat. Dabei denken wir heute an Diakonissen und dergleichen, oder Krankenpflege, aber ein Amt ist alles, ein Amt ist auch das Essenkochen, ein Amt ist das Kind-Sein, Mutter-Sein, Vater-Sein; jeder Beruf ist ein „Amt". Das Wort „Beruf" stammt aus der Kirche und meint: Gott selber hat dich auf deinen Platz gestellt. Tut eure tägliche Aufgabe aus dem Vermögen, das Gott dazu gibt. Siehe, er will uns dabei helfen.

Lauter wunderbare Zusagen: Seid nachdenklich, seid euch darüber klar, man wird nicht Christ so, wie man das Radfahren lernt und dann kann man es, sondern nur, indem man auf einen Weg gerufen wird und dann immerfort wieder hört und immerfort wieder Antwort gibt und mit ihm in Verbindung bleibt – und das bitte tut gemeinsam!

Und um es ganz praktisch zu sagen: Wenn es euch schwerfällt, miteinander zu beten, dann macht es wenigstens gemeinsam mit denen, die vor uns lebten. Ich habe es ganz gut gefunden, wenn man sich am Morgen und am Abend, wo es mir auch nicht gelingt, mir ein vernünftiges Gebet auszudenken, und ich auch peinliche Hemmungen habe, jemand anderen daran teilnehmen zu lassen, von einem Gesangbuchvers helfen läßt. Dann betet ihr gemeinsam mit der ganzen Kirche. So viele Lieder, so viele gemeinsame Gebete habt ihr, und deswegen plage ich euch im Konfirmandenunterricht mit den Liedern, weil ihr, wenn ihr sie aufsagt, wenigstens diese wunderbaren starken gemeinsamen Gebete ein wenig in das Ohr bekommt. Ich habe diese Kirchenlieder in meinem bisherigen Leben sehr gebraucht, es war kein Vers überflüssig. Im Gegenteil, manche Verse haben mir noch gefehlt, die habe ich nachgelernt.

Unser ganzer Text ist eigentlich recht wunderlich. „Es ist nahe gekommen das Ende“ heißt gar nicht: Jetzt ist es aus! Sondern: Jetzt fängt es an! Wunderlich! „Seid mäßig!“ heißt nicht: Zieht euch irgendwie aus dem vollen Leben zurück!, sondern: Findet euch mit anderen zusammen, damit ihr Kraft bekommt, zu dienen, und das nicht nur im engen Kreis. Da empfangt ihr so viel Kraft, so daß davon noch übrig bleibt und die ganze Welt dann etwas davon haben kann. An jedem, der auf dem Wege ist, hat sie Hilfe genug! Und das Ganze wird am Schluß ein Gebet, „auf daß in allen Dingen Gott gepriesen werde durch Jesus Christus“. Warum der Name hier steht? Nun, weil uns durch Jesus die ganzen Verheißungen gesagt sind, auf die wir antworten mit unserem Gebet.

Und er wartet auf unsere Gebete und hört sie. Er erfüllt nicht immer alle unsere Wünsche, aber er erfüllt immer alle seine Verheißungen. Hört auf die Verheißungen. Und die Verheißungen sind reicher, als unsere Wünsche es sein könnten, wenn sie auch einmal anders sind.

Er selber hat das unternommen, worum es hier geht: Daß Menschen zueinander kommen können und Wege zum Ziel finden. Wir brauchen nicht zu resignieren, wir brauchen uns nicht große Reformen immerfort auszudenken, wir brauchen bloß zu leben aus dem, was er darreicht. Er hat es nämlich noch nicht aufgegeben. Wir dürfen unter alles das, was hier gesagt ist, „Amen“ schreiben. Das heißt: Das stimmt, das tut er, das tut er auch heute!

Und wenn ich jetzt nach Hause gehe, dann finde ich natürlich alles dort, wie es war. Also ist mein Leben und in der Welt alles beim alten geblieben? Jawohl! Aber wenn ich jetzt mit ihm gehe, ist das Alte wiederum neu geworden, auch der Blick, mit dem ich den anderen ansehe, und vielleicht auch der Blick, mit dem der andere mich ansieht. Amen – das tut er auch heute!

Pfingstsonntag

Apostelgeschichte 2, 1–6. 12–14. 22–23. 32. 36. 39

Liebe Freunde!

Wenn eine Predigt über den Heiligen Geist besonders kurz oder besonders lang gerät, dann kann dies den gleichen Grund haben: Daß nämlich der, der redet, davon nicht viel weiß. Das eine Mal schafft man dann nur einen kurzen Anlauf, das andere Mal redet man lange darum herum. Beides könnte mir passieren, denn ich muß gestehen, daß ich sehr im Zweifel bin, ob ich vom Heiligen Geist viel weiß. In dieser Frage kann mir auch alles theologische Studium nicht helfen. Das Studium war noch nie eine Methode, sich den Heiligen Geist zu verschaffen. Theologie als Wissenschaft hat eine ganz andere Aufgabe: Theologie könnte mir sagen, wann meine Reden über den Heiligen Geist bloße menschliche Vermutungen und Meinungen sind. Theologie hat immer die Aufgabe der Kritik gegenüber allen menschlichen Formulierungen, Überlieferungen und auch dem eigenen Reden. Aber was Heiliger Geist sei, kann ich mit Methoden der Theologie nicht in den Griff bekommen.

Dagegen hat mir der Bibeltext, mit dem wir uns heute zu beschäftigen haben, eines beigebracht, nämlich die Vermutung, warum ich vom Heiligen Geist so wenig weiß. Es könnte daran liegen, daß ich von ihm auch gelegentlich nichts wissen möchte – wenigstens nicht in der erschütternden Art, in welcher allein man von ihm zu wissen bekommen könnte, und die weniger damit zu tun hat, daß *wir* unseren klugen Kopf gebrauchen, als vielmehr damit, daß der Heilige Geist wie ein Herr uns in den Griff bekommt.

Unsereiner kann ja immer nur von dem ausgehen, was er kennt. Wir überlegen: Vielleicht hat „Heiliger Geist" etwas mit „Begeisterung" zu tun? Es kommt doch immer wieder einmal vor, daß Leute in Begeisterung geraten. Das hebt sie gewissermaßen über sich selbst hinaus. Oder hat „Heiliger Geist" etwas mit „geistreich" zu tun? Ein geistreicher Mensch schaut an den vordergründigen Dingen vorbei und sieht tiefere Zusammenhänge in großer Klarheit.

Sicherlich schaut der geistvolle, geistreiche Mensch weiter als der geistlose. Aber ich glaube, wir sind beide Male auf einer falschen Spur gewesen. Mit Begeisterung, mit dem Schwung, der Menschen über die Unebenheiten des Lebens hinausträgt, hat, wie mir scheint, der Heilige Geist wohl nichts zu tun. Darüber, daß er auch mit dem Geistreich-Sein nichts zu tun hat, brauche ich mich nicht weiter auszulassen. Wir verwenden ja für „geistreich" – ein Wort, das zu Verwechslungen auffordern könnte – eine neue Vokabel, nämlich „intellektuell". Da merkt jeder schon am Wort, daß das mit Heiligem Geist kaum etwas zu tun hat.

Wer unseren Bibeltext in Griechisch liest, käme auch gar nicht erst auf den Gedanken, daß „Heiliger Geist" etwas mit „Begeisterung" oder mit „geistvoll" zu tun haben könnte. Was unsere Sprache ein für allemal mit „Geist" übersetzt, entspricht in der Bibel, sobald es um „Heiligen Geist" geht, eher dem Wort „Wind", „Sturm". Und mit einem Gebrause wie von Sturm und Wind beginnt auch unsere Pfingstgeschichte.

Die Jünger sind beieinander geblieben, wie ihnen das aufgetragen wurde. Sie müssen warten. Das könnte beinahe danach aussehen, als seien irgendwo noch besondere Vorbereitungen zu treffen, so wie bei einem Bühnenstück, bevor der Vorhang aufgeht. Aber wenn es um diesen Herrn geht, sind niemals hinter dem Vorhang Vorbereitungen zu treffen. Hinter dem Vorhang braucht man keine Zeit. Nur hier in dieser Welt mit Zeit und Raum brauchen wir immer wieder Zeit, um uns auf das vorzubereiten, was zu uns kommen will. Wir brauchen das Warten.

Wer wartet, tut in Wirklichkeit ja allerhand, nämlich er hat alles das, was er sonst vor sich und um sich hat, einmal zurückgestellt und wendet sich dem zu, was kommen will. Was hier kommt und beschrieben wird, das kommt nun aber wieder nicht dadurch zustande, daß die Leute sich durch ihr Warten genügend eingeübt hätten, bis sich eine Öffnung in uns und eine Öffnung über uns bildet und dann gibt es einen Kontakt. Nein, das, was hier braust, das kommt nicht von einer menschlichen Vorübung her.

Da kommt erst der Schall wie ein Wind, den man ja hört, wenn er um das Haus saust und in das Haus fährt. Das Wort, das in diesem Kapitel mit „Geist" übersetzt ist, heißt ja „Sturm"; Sturm und Wind und Lebenshauch in einem. Der fährt in das Haus.

Aber alles das sind ja hier im Text ausdrücklich nur Vergleiche: Wie Sturm kommt es und wie Feuer packt es die einzelnen und setzt sich auf den einzelnen. Von weit her – denn niemand weiß, woher der Sturm kommt und wenn er auch das Brausen hört – bis ganz genau zu jedem einzelnen hin fährt hier das, was endlich mit einem Namen genannt wird: Heiliger Geist!

Und nun geht es weiter: Sie wurden voll des heiligen Geistes. Sie fangen an zu predigen, und andere Leute hören, daß sie in allen Sprachen die großen Taten Gottes rühmen: Sie loben Gott!

Daran hat mich nie etwas verwundert. Wo man von Jüngern hört oder Aposteln, da gehört doch zum Beruf, daß sie Gott loben? Darüber ist mir ganz entgangen, daß es mit diesem „Loben“ eine sehr merkwürdige Sache ist. So oft auch davon die Rede ist, daß Leute im Heiligen Geist Gott loben, so wenig ist jemals davon die Rede, daß sich irgendetwas an dieser erbärmlichen und elenden Welt und an ihrem eigenen Leben geändert habe, wenigstens was die äußeren Bedingungen angeht! Ja, das könnte ich noch verstehen, wenn es hieße: Da fuhr Gott in die Welt hinein und blies den Staub beiseite; man sah wieder klar im eigenen Leben und die Welt kam in Ordnung! Da kann man leicht Gott loben. Aber diese Jünger loben Gott – und es ist gar nichts klar, es ist gar nichts anders, es ist gar nichts leichter in dieser Welt.

Seitdem ich das bemerkt habe, falle ich auf die Frage nicht mehr herein, was in zweitausend Jahren Christenglauben sich denn in der Welt geändert habe, und erschrecke nicht mehr vor der Klage, es habe sich eben leider furchtbar wenig geändert! Es war damals schon nichts anders – es war nur ein anderer den Menschen nahegekommen. Sie fingen ihre Loblieder an in einer Welt, in der weder sie noch die Welt um sie herum die mindeste Spur einer Veränderung zeigt.

Das kann man für unbegreiflich halten. Wenn wir das tun, sind wir einen Schritt weiter. Dann kommt nämlich alles darauf an, daß wir endlich einmal fragen: Was bedeutet das denn eigentlich, wenn dieser „Geist“ die Menschen packt? Das ist ja ganz anders, als wir uns das gedacht haben. Hören wir, was die Jünger selber sagen.

Nun tritt nämlich Petrus auf und redet zu den Leuten, die voller Staunen auf einmal in ihren Sprachen reden hören. Und er sagt ihnen: „Dieser Jesus, der ist von Gott euch zum Christus gemacht worden!" Ich gebe zu, damit habe ich die Rede des Petrus sehr verkürzt, denn Petrus sagt noch sehr viel Wichtiges. Aber wenn er jetzt sagt: Der ist euch zum Christus gemacht!, dann heißt das: Der kommt jetzt zu dir! Der meint jetzt dich! Für unsereinen geht es dann nur noch um das Bleiben – wie auch im Johannes-Evangelium steht: Wer in mir bleibt! Daß er zu uns kommt, ist seine Sache!

Ich will das noch einmal anders zu sagen versuchen. Wir kennen das Glaubensbekenntnis: Ich glaube an Gott, den Vater, Sohn, Geist. Und wir versuchen, uns das als eine Beschreibung von drei Personen zurechtzulegen, die merkwürdigerweise wieder ein Einziger sein sollen. Aber vielleicht nennen diese drei Worte dreierlei Abstand von uns? Vater – das ist weit außerhalb von Raum und Zeit, das ist der ewige und unversiegliche Anfang allen Lebens ohne Raum, ohne Zeit, selber ohne Anfang, ohne Ende. Von daher quillt alles, was Anfang hat und Ende.

Und dann leuchtet in dieser Welt, die Anfang und Ende hat, in Jesus Christus, einem Menschen wie wir, auf einmal ein Gesicht dieses Beginners allen Lebens auf, ein Gesicht, das uns zugewandt ist. Und endlich fährt von dort der belebende Windhauch bis zu uns hin und will uns selber ergreifen, zu einem lebendigen neuen Anfang.

Vater, Sohn, Geist – das ist keine Beschreibung, vor der du „Ah" sagen und staunen sollst, sondern da kannst du erschrecken, weil dir gesagt wird: Da fährt einer, den unsere dürftigen Vokabeln gar nicht nennen können, auf uns zu, um uns zu packen.

Auch die Bibel gibt nur Bilder dafür: Er kommt zu uns wie Wind, Feuer, im Wasser der Taufe! Fällt euch etwas an diesen Bildern auf? Wind läßt sich nicht halten, der will weiter; Wasser, das läßt sich nicht halten, das will weiterfließen; Feuer läßt sich nicht halten! Wind, Wasser, Feuer – die können nicht stillstehen, die wollen immer weiter.

Und wenn sie auf unsereinen zufahren, dann will er durch uns, mit uns weiter kommen in dieser Welt; er will in dieser Welt Menschen haben, die merkwürdigerweise fertig bringen, ihn zu loben. Und zwar nicht, nachdem etwas getan ist, sondern von dem Augenblick an, von dem er anfangen will, an ihnen und durch sie etwas zu tun. Und dieses Loblied soll andere Menschen anzünden, mitreißen, ergreifen.

Die Kennzeichen, an denen du diesen Sturmwind Gottes an dich heranwehen fühlst, sind viel beschrieben, und meine Beschreibung ist sicherlich dürftiger. Sie geht nur von dem aus, was ich nicht ohne Angst merke. Kennzeichen dafür, daß dich dieser Geist, dieser Wind Gottes packt, ist, daß dir die ganzen Baupläne, mit denen du dein Leben oder diese Welt bauen möchtest, aus der Hand geweht werden.

Nicht wahr, Bauherren kennen das doch: Da steht man an seinem Bauplatz und hat den Plan ausgebreitet; bei ruhigem Wetter geht das ja ganz gut, aber wenn ein Wind kommt, dann ist der Bauplan dahin. Dieser „Wind Gottes" nimmt dir die Baupläne nach den Maßstäben dieser Welt, die Baupläne für Neubau oder Umbau der Welt, einfach aus der Hand und reißt sie dir in Stücke. Und deine eigenen Lebensbaupläne auch. Jetzt will Er nämlich anfangen zu bauen. Und er baut nach anderen Maßstäben und Grundrissen als ich will.

Das merke ich auch in meinem eigenen Leben, daß es eben auf ein anderes Bauen hinausläuft. Ich habe gemerkt, daß es auf so etwas hinausläuft, was die alten Christen, die Frommen, immer „Erbauung" nannten. Das ist für uns ein Wort, das wir nicht gerne hören. Wenn ich „erbaulich" reden würde, dann würde es überhaupt kein Mensch hier bei mir aushalten, meint ihr. Aber Erbauung – wißt ihr, was das bedeutet? Wenn wir irgendetwas oder sehr viel oder gar alles verloren haben – und du bleibst doch wunderlicherweise so fest auf den Füßen stehen, als hättest du nicht bloß diese wankende Erde unter dir, sondern dich trüge jemand, der fester steht als die ganze Welt – dich trüge Gottes eigene Hand. Wo er „erbaut", hast du ihn selber zum Fundament deines Lebens.

Wenn Gott anfängt zu bauen und uns dazu in Bewegung bringt, dann hat das eine Kehrseite. Wo er der Bauherr ist, da weiß man immer nur allenfalls den nächsten Schritt, und zwar den nächsten Schritt, den ich zu tun habe. Nie erfährst du das Programm für das, was die anderen machen sollen. Wenn ihr unterscheiden wollt, was Gottes Geist wirkt und was unser Geist sich ausdenkt, dann achtet darauf: Wo sehr viele Vorschläge sind für das, was andere tun sollten, da ist mit großer Wahrscheinlichkeit Gottes Geist nicht am Werke. Der gibt dir einen Schritt und den zweiten Schritt und nicht mehr – und gibt ihn dir selber auf und das ist peinlich.

Und dabei bleibst du auch noch der Mensch, der du warst, sogar mit deinen ganzen demütigenden Ungezogenheiten. Du weißt jetzt, daß du selber niemals ganz auf deine eigenen Füße kommst. Du weißt, daß du jeden Morgen und jeden Abend wieder bitten mußt: Laufe nicht weg, obwohl ich weiß, daß es sich für dich gar nicht lohnt, daß du zu mir kommst und daß du bei mir bleibst.

Und von ihm empfängst du alles, was du zu tun hast, als einen Auftrag. Dir bleibt nicht mehr die bequeme Ausrede, zu sagen: Das liegt mir nicht! Du merkst schon, was er mit dir tun will als nächsten Schritt.

Und nun wollen wir einmal das Wichtigste sagen: Wenn das Geist Gottes ist, wenn der uns so packt, daß uns die Baupläne wegfliegen, daß wir unter seiner Hand doch nicht stolze Prachtchristen werden, wenn wir eigentlich dann nicht mehr den Mut haben können, uns aus irgendeiner Aufgabe dieses Lebens herauszuwinden und das Reich Gottes zu bauen, wo wir es interessanter finden, wenn das so ist, dann ist es ja leicht zu erklären, daß wir alle – nein, von euch weiß ich es nicht, aber von mir – vor dem heiligen Geist fürchterliche Angst haben.

Ja, ich muß es zugeben. So gerne ich natürlich von Amts wegen sage: Komm, Heiliger Geist! – es ist mir bange, er könnte mich beim Wort nehmen. Es ist eine schlimme Sache, daß „Komm, Heiliger Geist!" immer zugleich heißt: Gehe, alter Adam! Gehe, alter Adam, der doch so schöne Gedanken hat! Der alte Adam ist nämlich nicht einer, der immer nur herumrüpelt und herumflegelt, sondern einer, der eine ganze Menge weiß und der sich ein geistiges Stühlchen zurechtmacht, von dem aus er Gott betrachten möchte. Da sagt der Geist Gottes: Komm, Freund, stehe auf, ich will mit dir jetzt etwas tun! (Und wir haben gar keine große Lust dazu, uns auf die Füße stellen zu lassen, uns in das tägliche Leben schicken zu lassen, in dem wir es gar nicht so sympathisch finden, in die Aufgabe, die wir gar nicht so lohnend finden!) Komme nur, wo du bist, da fange ich an und in dir selber und mit dir selber auch. Nicht mit frommen Erhebungen, sondern mit Fleiß, mit Ordnung, mit Geduld. Und du wirst wunderlicherweise – das sagt er Gottseidank auch zu mir – dabei ein Loblied singen können; nicht weil du nun auf einmal Auswege hast; nicht weil du dich mit einem Aufschwung über diesen Alltag erhebst, sondern einfach – ja, verzeiht, wenn ich das in einem militärischen Bilde sage – weil du in dem Kessel, in dem du umstellt und umzingelt bist, zwar nicht ausgeflogen wirst und woanders hinkommst, aber du bekommst Nachschub, jede Menge Nachschub. Und dann halte dort aus. Wo du in dieser Welt aushältst, nicht weil du so standfest bist, sondern weil er bis heute mit uns aushält, da weißt du, wer der Heilige Geist ist. – Amen.

Pfingstmontag

Apostelgeschichte 10, 34a. 42–48a

Liebe Freunde!
Unser heutiger Text ist der Schluß eines Kapitels und zugleich der Schluß einer Geschichte, an die wir uns erst einmal erinnern müssen. Es ist die Geschichte (Apostelgeschichte 10) von dem Hauptmann Kornelius, einem gebildeten, frommen „Heiden", wie ihn die Christen damals genannt hätten. Der schickt zu Petrus; und es kostet den Petrus Überwindung, in das Haus eines Mannes zu gehen, der nicht nach den frommen jüdischen Sitten lebt. Petrus hält die strengen jüdischen Bräuche in Ehren und fürchtet, sich bei dem wohlhabenden Heiden zu „verunreinigen". Schließlich geht er doch hin und wird dort empfangen mit einer geradezu rührenden Aufmerksamkeit: Hier sind wir nun, zu hören alles, was dir von Gott befohlen ist! Petrus hält eine Predigt und die schließt mit den Worten, die wir nun hören sollen: (Lesung Apg. 10, 34a. 42–48a).

Wer am Ostermontag in der Kirche war, der bemerkt natürlich ohne Mühe, daß dies die gleiche Geschichte ist, die da schon Predigttext war. Und er hat einen Grund mehr, zu sagen: In der Kirche ist es eben immer dasselbe! Das ist völlig zutreffend, und ich sehe keine Möglichkeit, mich dagegen zu wehren. Nicht nur, weil es heute zufällig sogar das gleiche Kapitel ist, sondern weil mir scheint, es sei wirklich in der Kirche immerfort dasselbe zu sagen: das, was man nennt „das Evangelium". Immer die eine alte Geschichte! Und diese eine alte Geschichte müßte man doch inzwischen kennen. Warum nicht einmal etwas anderes sagen?

Die Leute haben wirklich recht: In der Predigt, im Gottesdienst – es ist immer nur dasselbe Evangelium, dieselbe Botschaft. In anderen Worten, unter anderem Gesichtspunkt vielleicht, aber immer das gleiche. Und – das soll auch so sein! Denn wenn etwas überhaupt eine Predigt ist, dann müßte oder könnte davor stehen, was hier Petrus sagt: Er hat uns geboten, zu predigen! Predigt, das ist nicht eine Rede über irgendetwas, was uns interessiert, sondern da wird angesagt, daß jemand sich zu uns wendet. Und eben nicht nur zu uns wendet, sondern auch zu Leuten, von denen man es gar nicht gemeint hätte. Damit fängt nämlich hier alles an.

Da gibt es doch in Jerusalem die ersten Christen; die Fachleute reden von der „Urgemeinde". Dazu gehört Petrus. Diese ersten Christen halten sich an die ganz alte Überlieferung ihres Volkes, kennen den Weg Gottes mit ihrem Volk und können sich gar nicht vorstellen, daß Jesus Christus, der in diesem Volk geborene Heiland, andere Leute etwas angehen könne, die nicht von den Vätern her vorbereitet sind und die alten eingeübten und eingewohnten Regeln kennen.

Das klingt zunächst, als sei diese Urgemeinde also weit ab von unserer modernen Einstellung. Aber es kommt mir so vor, als sei unsere moderne Einstellung gar nicht so viel anders. Die Urgemeinde meinte: Was geht das die da draußen an; hier, in den Synagogen, da muß man von Jesus Christus erzählen; aber die da draußen, die könnten das nur mißverstehen. Wir reden heute von „denen da draußen" nicht so herablassend, sondern mit einer wohltuenden Ehrerbietung. Unser Horizont hat sich erweitert. Wir wissen, daß es keineswegs in dieser Welt nur Christen gibt, und daß keineswegs nur in christlichen Kirchen sich Menschen versammeln, die es mit Gott ernst nehmen wollen, sondern das gibt es in vielen Sprachen und in vielen Formen und in vielen Religionen.

Wir würden von so einem – nun, wie sagt man? – frommen Heiden wie dem Hauptmann Kornelius nicht wie die Urgemeinde gesagt haben: Der ist zu weit ab!, sondern wir hätten gesagt: Vorsicht! Vielleicht ist der sogar schon weiter als wir, denn er ist ja ein frommer Mann; von ihm wird berichtet, er gehe sogar ab und zu einmal mit zu den Gottesdiensten der Synagoge, und das genügt ja doch!

Wir würden heute sogar so weit gehen, zu sagen: Und selbst wenn so ein Mann wie dieser Kornelius unsere Gottesdienste gar nicht aufgesucht hätte, wer weiß, vielleicht ist er auf seinem eigenen Wege zu Gott ebenso weit oder noch weiter als wir, denn andere Länder, andere Sitten, andere Religionen, andere Wege zu Gott, und es führen viele Wege zu Gott!

Das ist ein guter Gedanke! Ein guter Gedanke, weil er uns von der Anmaßlichkeit befreit, mit der wir als Christen auf andere Fromme herabschauen möchten. Ob es aber ein guter Gedanke ist, von den

„vielen Wegen zu Gott“ zu reden, das weiß ich nicht. Das weiß ich nicht, obwohl ich durchaus auch dazu neige, immer wieder so zu denken: Es gibt viele Wege zu Gott! Vielleicht muß deswegen immer wieder Gottesdienst sein, damit ich das immer wieder einmal überprüfe, ob die Sache nicht doch in einem merkwürdigen Punkte anders ist?

Viele Wege zu Gott – da gibt es diese alte Geschichte, die so überzeugend wirkt, daß ich damit rechnen muß: Das einzige, was ihr euch heute merkt, wird diese Geschichte sein! Sie ist so schön, daß ich es vielleicht gar nicht fertig bringe, euch zu zeigen, warum sie nach meiner Meinung falsch ist.

Das ist die Geschichte, die der hervorragende Religionswissenschaftler von Glasenapp einem religionsgeschichtlichen Buch vorausschickt: Einen indischen König verwirrt es, daß es in seinem Reich so verschiedene Religionen gibt, und er meint, man müsse die doch entweder vereinigen oder die richtige herausfinden können. Er veranstaltet ein Treffen. Und dabei geht es wie bei vielen Treffen: Jeder redet und die Uneinigkeit wird nur immer größer. Da neigt sich der Großwesir zum Ohr des Königs und sagt: „Majestät, lassen Sie mich das einmal machen!“ Er bringt einen Elefanten in die Mitte der Versammlung und fünf Leute, die blind sind und noch keinen Elefanten gesehen haben. Dann gibt er dem einen den Rüssel, dem nächsten den Stoßzahn, dem Dritten ein Bein, dem Vierten den Bauch, dem Fünften den Schwanz in die Hand. Und dann läßt er die Blinden beschreiben, was sie da haben. Der den Rüssel hat sagt: Ich fühle eine große Schlange! Der den Stoßzahn hat sagt: Ich fühle etwas Kaltes, Hartes, Festes! Der Mann, der das Bein hat: Ich fühle eine Säule zwischen Himmel und Erde! Der den Bauch fühlt meint: Ich fühle eine warme Wolke, die über der Erde schwebt! Und der, der den Schwanz in der Hand hat, sagt dann schließlich: Ich habe einen Strick! Und nun – die Lösung liegt auf der Hand – sagt der Wesir: „Seht Ihr, Majestät, so ist das; das, was wir Gott nennen, ist groß und unnennbar und uns so unsichtbar wie der Elefant den Blinden. Unsere Hände und Gedanken rühren es an irgendeinem Punkt an; wir berühren das gleiche, aber an verschiedenen Punkten, und daher geraten wir in Streit. Das Ganze hat keiner, etwas davon jeder! Jeder findet ein wenig von Gott auf seinem Wege zu Gott!

Ich finde diese Geschichte ganz hervorragend, falls es um den „Weg der Menschen zu Gott“ ginge. Wenn aber stimmt, was dieses ganze Bibelbuch, das wir da haben, uns immerfort eindringlich sagt, daß nämlich nicht unsere Sehnsucht uns zu Gott bringt, sondern seine Sehnsucht ihn zu uns bringt; daß nicht wir „nach ihm tasten und ein wenig ergreifen“, sondern er auf uns zufährt aus der fernsten Ferne mitten durch die Weltgeschichte als der Herr, der der Geist ist, bis er uns selber in der Hand hat, dann ist diese Geschichte falsch.

Wenn es so ist, wie die Bibel sagt, dann geschieht hier in der Predigt des Petrus etwas ganz anderes, als man mit Religion bezeichnen und mit Religion vergleichen kann. Petrus hat anzusagen, daß einer, den wir „Gott“ nennen – und dieses Wort deckt für uns sehr Verschiedenes –, jetzt zu uns kommt. Er hat Petrus geboten, das zu predigen, das heißt: Anzusagen!

Das Ganze ist, wenn man so will, eine sehr dürftige Predigt: Er hat uns geboten, zu predigen! Er ist verordnet von Gott, ein Richter der Lebendigen und der Toten; durch seinen Namen haben alle, die an ihn glauben, Vergebung der Sünden! Und ich habe mich lange damit geplagt und gemeint, hier habe Petrus Dogmatik im Kopf: Richter der Lebendigen und der Toten! Bis ich zu ahnen begann und beginne, daß man den dicken Strich immer unter das „er“ machen müsse: *Er* ist es, der diesen Petrus schickt. Der gar nicht damit rechnet, daß diese Hörer der Typ sind, für den so etwas überhaupt bestimmt wäre. *Er* ist von Gott verordnet, ein Richter der Lebendigen und der Toten. Das heißt nämlich nicht bloß, daß wir diesem Richter unterstehen, sondern daß wir von allen anderen Richtern befreit werden: Nun geht es nicht mehr darum, wie ich vor den Augen der anderen Leute dastehe; nicht mehr darum, wie ich vor mir selber bestehe und welche guten Entschuldigungen mir gelingen. Nun geht es also nicht mehr darum, daß ich an mir selber verzweifle, wenn ich merke, daß ich mit der linken Hand einreiße, was ich mit der rechten baue, und daß nicht einmal ein Tag, nicht einmal ein Vaterunser mir gelingen will, ohne daß meine Gedanken davongelaufen sind. Er ist der Richter, er greift zu, obwohl ich verstrickt und wie eingesponnen bin in meine ganze eigene Art und Unart. Hier wird die Befreiung angesagt: Dieser allein richtet, und er vergibt.

Petrus redet von nichts anderem als von Jesus Christus, von dem, der ein Mensch ist wie wir und in dem zugleich das Gesicht des unsichtbaren Gottes aufleuchtet: Wer mich sieht, der sieht den Vater! Da hat der, von dem alles kommt, sich zu uns gewendet. Und nicht nur zugewendet, sondern er kommt und packt uns. So redet dieser Petrus, der nichts zu sagen weiß von Religionsphilosophie, der die Frage des Pilatus bestimmt nicht hätte beantworten können: Was ist Wahrheit? Der nichts weiß, als daß wir von Gott angeschaut werden. Und der weiß selber nicht, woher er das weiß.

Ich freue mich so, daß zu dieser Stelle Luther eine Anmerkung gemacht hat; eine Anmerkung über diesen Apostel, der doch wohl vom heiligen Geist getragen und getrieben ist. Luther sagt: Der heilige Geist ist ein armer Geist, er weiß nur Jesus Christus und sonst nichts! Das ist richtig: Er weiß nur Jesus Christus und sonst nichts. Nichts von den Antworten auf die vielen Fragen, die wir stellen möchten. Ich wage nicht mehr zu glauben, daß der heilige Geist Gottes, wenn er uns ergreift, uns befähigt, die vielen bitteren, ernsten Fragen zu beantworten, welche Menschen an Gott zu richten pflegen. Aber er wird eine Frage beantworten, die wir kaum gestellt haben, nämlich die Frage, ob wir vor dem, den man so „Gott" nennt, etwas wert sind – wir und alle anderen Menschen auch.

Er greift zu, und hier griff er sich erst den Petrus. Mehr wußte Petrus nicht und weniger wußte Petrus nicht, als daß Gott durch seinen Geist, den kräftigen Sturmwind Gottes, Menschen ergreifen will. Und die ihn anhören, werden auch ergriffen – und Petrus staunt selber darüber. Und sie werden getauft und damit eingefügt in die Gemeinschaft der Christen. Petrus, der das erlebt, ist selber am allerbestürztesten, verblüfftesten, daß es so ernst gemeint ist mit dem Reden von dem Geist, der Menschen ergreift und hinzubringt zu der Gemeinschaft.

Nicht zu einer Gemeinschaft, die nun über Kenntnisse unter dem Titel „Christentum" verfügt. Dieses Wort sollten wir uns abgewöhnen. Luther sagt nie „Christentum". Luther sagt immer „Christenstand", „Christenmensch", „Christenheit". Und das bezeichnet immer Menschen, die einer unversehens gepackt hat und festhält. Das ist dann ein Christenmensch. Und dem ist zugesagt, daß Gott nicht mehr losläßt. Das heißt, daß er soll selig werden! Daß er nicht einmal dann im Tode losläßt.

Und ich weiß (ich habe mich selber gerne genug mit dieser Frage beschäftigt), daß jetzt jemand wieder sagen könnte: Ja, gut und richtig, aber jetzt sagen Sie mir einmal, ob auch Mohammedaner selig werden? Und da würde ich heute sagen: Ich weiß es nicht! Auch hier bei Petrus geht unser Herr ja andere Wege, als sich das etwa der Prediger Petrus gedacht hat. Prediger sollen nicht vorlaut und vorwitzig mit ihren Gedanken sein. Ich weiß es nicht!

Aber etwas weiß ich: Wenn ich mich von diesem Geist ergreifen ließe, von dem Geist der Liebe und der Vergebung, dann wäre ich ganz gewiß außerstande, herabzusehen auf irgendeinen anderen; und dann könnte vielleicht dieser Geist der Liebe und der Vergebung durch mich weitergehen und auch andere mit uns zusammenbringen. Nicht dadurch kämen Menschen dann zusammen, daß sie einmütig sagten: Es ist im Grunde genommen alles dasselbe und im Grunde genommen ist nichts ganz richtig! Sondern weil sie voller Freude und Staunen merken würden, wie ernsthaft und richtig wir geliebt werden und angenommen werden von diesem Herrn.

Das ist immer dieselbe Sache. Ja, und es ist auch in dem Punkte die selbe alte Sache – ich sagte es schon gestern, daß ich nicht viel weiß vom heiligen Geist. Ich weiß etwas über ihn, auch aus dieser Geschichte, aber ich weiß nicht viel vom heiligen Geist, weil ich im Grunde genommen von ihm nichts wissen möchte! Denn wenn er mich anpackt, dann würde mir das Gerede vergehen. Und wer von uns redet nicht gern!? Dann würde mir das Streiten vergehen – und wer von uns streitet nicht gern!? Dann würde mir das Rechthaben-Wollen vergehen – und wer von uns hat nicht gerne recht!? Dann würde mir vieles Vertrauen auf meine eigene Gedankenstärke vergehen – und wer ist nicht gerne gedankenstark!?

Dann wäre ich nur einer, dem warm wird von seiner Liebe; der nicht mehr bangt vor dem Urteil und der Meinung anderer und der andere nicht mehr bange macht mit seinen Urteilen und Vorurteilen.

Helfe uns Gott, daß wir nicht über ihn und seinen Geist reden, sondern daß wir jetzt es wagen, von Herzen darum zu bitten, daß er zu uns auch wieder kommt. – Amen.

Trinitatis
(Zugleich Konfirmation)

Römer 11, 33–36

Liebe Konfirmanden, liebe Eltern und Paten und Freunde!
Was wir da gehört haben, ist ein Loblied und ein Gebet zugleich, und darum paßt es ja doch auf diesen Tag. Loblieder kommen zwar nicht alle Tage bei uns vor; aber wer da behauptet, daß es in der Welt gar keine Menschen gebe, die irgendwann einmal ein Loblied singen, die irgendwann einmal froh und dankbar sind, der hat sicherlich den Menschen Unrecht getan. Natürlich gibt es das, daß Menschen sich freuen und Loblieder singen. Das kommt vor.
Schwierig ist freilich dabei, daß manchmal der eine ein Loblied singt aus genau dem gleichen Grund, aus dem der andere ein Klagelied singt. Nachdem z. B. bei uns so schrecklich lange trocknes Wetter war und kein Tröpfchen Regen vom Himmel kam, fing es dann endlich an zu regnen. Wer da noch ein Feld zu bestellen hatte, der jubelte und sagte: Jetzt regnet es wahrhaftig Talerstücke! Aber die Leute, die an den anderen Tagen der Woche sich an ihrem Arbeitsplatz abgequält hatten und sich auf Sonne und frische Luft freuten, die sangen natürlich ein Klagelied. So sagten also die einen: Gott sei Dank, es regnet! – während die anderen sagten: O Gott, o Gott, es regnet!
Es kam ja in allen beiden Liedern, in dem Klagelied wie in dem Loblied, Gott vor. Natürlich würde ein gestrenger Mensch jetzt den Finger heben und sagen: Eigentlich sind das ja gar keine Loblieder, und schon lange keine Loblieder, die sich an Gott richten, denn bei dem „O Gott, o Gott!“ denken sich die Leute genau so wenig, wie bei dem „Gott sei Dank!“.
Damit mögen die strengen Leute recht haben. Daß wir solche Redewendungen gebrauchen, ist eine alte ererbte Gewohnheit, und oft ist es bloß noch eine Gewohnheit. Und die Leute zeigen dann mit Fingern auf uns und sagen so häßlich: Höre einmal, Freund, das sind ja alles eigentlich nur Gewohnheiten!
Ich würde das nicht mehr vorwurfsvoll sagen, ich würde im Gegenteil fragen: Könnten wir nicht dahin kommen, daß wir uns bei

dem „Gott sei Dank!“ und „Ach, du lieber Gott!“ wieder etwas denken, so vielleicht, wie sich es die einmal gedacht haben, von denen wir das gehört haben oder von denen es unsere Vorväter gehört hatten? Damit wir doch zu richtigen Lobliedern kommen und nicht bloß so allgemein den Namen Gottes in den Mund nehmen – und es bedeutet im Grunde genommen nur: Ach, wie schön ist das! – oder: Ach, wie schlimm ist das! Wir könnten ja eigentlich wieder einmal darüber nachdenken, ob unsereiner nicht wirklich in allen Dingen mit dem zu tun hat, den wir da bei dem Namen nennen.

Die Sache wird aber – offen gestanden – schwierig. Es wäre wunderschön, wenn ich jetzt ausholen würde und könnte euch vielleicht – na, sagen wir einmal – für zwanzig Minuten so begeistern, daß ihr den lieben Gott für einen guten Mann haltet. Aber spätestens nach der Kirche würdet ihr denken: Da hat uns dieser Kerl doch wieder bloß eine Weile vom wirklichen Leben abgelenkt! Wenn ich nämlich ernsthaft meinen soll, daß diese Welt von Gottes Hand regiert wird, dann muß er mir aber auch Rede und Antwort stehen an den bösen Tagen. Dann muß ich fragen, wenn ich in die Weltgeschichte schaue: Wie kann Gott das zulassen: Feuer, Blut, Krieg, Brand, Mord? Und in meinem eigenen Leben muß ich auch fragen: Wie kann Gott das zulassen? Was habe ich da in meinem eigenen Hause für Not erlebt und erlebe sie noch heute: Krankheit, Elend! Und da soll ich Gott Loblieder singen?

So würdet ihr spätestens auf dem Heimwege denken. Dann würdet ihr vielleicht sagen: Laß einmal sehen, wir laufen zurück, vielleicht ist der Pastor noch in der Kirche, jetzt soll er uns aber einmal Rede und Antwort stehen, warum er uns so leichtsinnig ermuntert hat, an Gott zu denken; wir sind ja richtig durcheinander gekommen; wie kann die Welt so schrecklich aussehen, wenn es einen Gott gibt?

Dann würdet ihr also zurückkommen und sagen: Nun erkläre uns einmal, wer das Unglück macht! Und ich könnte nur sagen: Das tut Er auch! Wenn ich dann versuchen würde, kluge Worte über Glück und Unglück zu machen, um den heißen Brei herumzureden, dann würdet ihr sofort merken, daß das eben nur kluge Worte sind. Und ihr würdet im Grunde genommen mir kein Wort glauben.

Allenfalls hätte ich ja noch eine Antwort auf Lager, um eure Einwände loszuwerden. Ich würde sagen: Gut und schön, liebe Freunde, wenn es einmal schlecht geht und weh tut, dann sagt ihr: Wie kann Gott das zulassen? Habt ihr aber schon einmal gefragt: Wie kann Gott das zulassen?, wenn unsereiner tagaus, tagein gesund ist? Habt ihr auch dann gefragt: Wie kann er das zulassen, daß ich, der ich doch ein ganz schön schwieriger Zeitgenosse bin, so großartig gedeihe? Das habt ihr natürlich genauso wenig gefragt, wie ich das zu fragen pflege. So könnte ich euch da erst einmal bremsen. Aber das wäre eigentlich nur eine geschickte Ausflucht.

Und das Ganze hat sich ja auch nicht so abgespielt. Ich habe kein allgemeines Loblied auf Gott gesungen und ich habe euch nicht für eine Weile verschleiert, daß es sich nicht zusammenreimen kann für unseren Kopf, „Gott sei Dank!“ zu sagen in einer Welt, in der so viel Grund wäre, ihm Vorwürfe zu machen. Vielleicht weiß der Apostel Paulus eine etwas bessere Antwort, als ich sie versucht hätte. Er sagt in unserem Text: „Wie unbegreiflich sind seine Gerichte!“ Ach, da hat der Apostel also auch nichts herausbekommen! „Wie unerforschlich sind seine Wege!“ Der ist ein Apostel und weiß also auch nicht, warum das, warum jenes geschieht? „Wer hat des Herrn Sinn erkannt?“ Keiner weiß etwas! Wer hat ihm gesagt: Du müßtest es jetzt so und so machen!? „Wer ist sein Ratgeber gewesen“ und Gott hätte es dann so und so gemacht? „Wer hat ihm zuvor etwas gegeben“, wer hat ein Guthaben bei Gott? So daß er sagen könnte: Nun aber, ich habe Ansprüche! Keiner, keiner, keiner!

Also müßte Paulus ja eigentlich, wenn er das einsieht, endgültig einen Schlußstrich ziehen, seine Apósteltätigkeit aufgeben und lieber irgendeinen anderen Beruf angefangen haben. Aber merkwürdig, was er da sagt, das beschließt er mit den Worten: „Von ihm und zu ihm und durch ihn sind alle Dinge; ihm sei Ehre in Ewigkeit!“ Wißt ihr, da wirft sich dieser Paulus ja einfach diesem unbegreiflichen Gott in die Arme! Kann man das denn wagen? Kann man das wirklich wagen, von Gott gar nichts zu verstehen, und wenn die Leute einen fragen, für die Leute und für sich selbst gar keine Antwort zu wissen, und doch sich ihm in die Arme werfen an guten Tagen und an bösen Tagen? Kann man das tun, und wird man dabei nicht ins Leere stürzen, sondern getragen werden?

Seht ihr, wenn Paulus uns das sagt: Keiner kennt Gottes Wege! –

dann sagt er: Liebe Freunde, nehmt es euch selbst und keinem anderen übel, daß keiner sagen kann: Paß einmal auf, ich werde dir jetzt einmal erklären, wie du das machen sollst, Gott zu verstehen! Sondern – sagt uns Paulus – Gott sei Dank ist die Sache anders! Da ist, ohne daß jemand weiß warum und woher, aus der fernsten Ferne, von dort, wo die Schöpfung aller Welten ihren Anfang nahm in dem Wort: Es werde – und sie war da, von Gott, dem Vater aller Dinge, – einer gekommen in die Welt: Jesus Christus. Und in seinen Worten hören wir, daß Gott, der Unbegreifliche, uns lieb hat; daß Gott, der Unerforschliche, sagt: Ihr da, ihr seid mir nicht bloß irgendeine wimmelnde kurzlebige Menge, ihr seid meine Kinder, ich rufe euch, gebt mir Antwort; ihr sollt mit mir leben und reden!

Nicht nur damals irgendwo in Palästina wurde das uns Menschen gesagt. Paulus sagt das ja anderen Menschen weiter: Gott ruft dich! Und dieser Ruf Gottes fährt auch heute noch durch das Land bis zu uns hin: Tue doch dein Herz auf und rede mit Gott, er will dich hören! Auch wenn du gar nichts verstehst, du bist von ihm gerufen, er will dich tragen!

Liebe Freunde, das klingt sehr geheimnisvoll und ist mit dem Verstand auch nicht zu fassen. Vielleicht kann ich es euch einmal mit einem Vergleich klarmachen. Ich muß vorausschicken, ich bin kein Fachmann, nämlich kein Fachmann in puncto Flugsicherung. Wenn man so in Gefangenenlagern sitzt und noch dazu in einer jämmerlichen Baracke, dann unterhält man sich mit seinen Leidensgefährten bei Tag und bei Nacht, solange es das Fieber erlaubt, über alles mögliche.

Und da hat mir einmal mein Nebenmann, ein Luftwaffen-Feldwebel, der auf der Holzpritsche neben mir krank lag, erklärt, wie man das eigentlich fertig brachte, bei Nacht zu landen. Wenn ich es durcheinanderbringe und es technisch nicht ganz stimmt, dann bitte ich euch um Nachsicht. Die Hauptsache habe ich – glaube ich – richtig verstanden. Er sagte: Der Pfiff bei der Nachtlandung ist das Richtfunkgerät, das also in einem langen schmalen Streifen vom Boden aus in der Richtung der Landebahn irgendein Zeichen – etwa ein langes Tonzeichen – ausstrahlt. Und wenn der Pilot erst einmal sein Flugzeug – Empfangsgerät natürlich eingeschaltet – in diesen Richtfunkstreifen gesteuert hat, dann hört er lange Töne: Tüt,

tüt, tüt . . .! Kommt er aber nach rechts oder links ab, dann hört er wieder bloß kurze „Punkte". Dann weiß er: Aha, ich bin herausgeraten, ich muß wieder zurück, ich muß wieder einen Steuerausschlag machen, damit ich in diesen Richtfunkstrahl komme. Er sieht nichts, er hält bloß Funkverbindung Und so kommt er mitten in der Nacht richtig auf der Landebahn an.

Mir kommt es so vor, als ob das, was wir Christen „beten" nennen, so eine Funkverbindung wäre. Angefangen mit der Sprechverbindung hat Gott selber und ruft immerfort: „Du mein Kind, du mein Kind, du mein Kind – kommen!" Jetzt bist du an der Reihe und jetzt kannst du antworten: „Du mein Vater, du mein Vater – was soll es, wo willst du mich hinbringen?"

Du kannst ihm in deinem Rückruf alles sagen. Du kannst ihm durchsagen, in welcher Schwierigkeit du bist. Und während du mit ihm redest, wendet sich das Steuer deines Lebens wieder auf ihn zu. Er bringt Richtung in dein Leben.

Wohl kommst du immer wieder einmal ab, – das merkst du. Oft merkst du das sogar an deinem Gebet. Da werden deine Gebete bloß Forderungen, bloß Wunschzettel. Da hast du wieder nicht gehört, daß er gesagt hat: Du mein Kind, du mein Kind – du brauchst gar keine Angst zu haben, daß ich dich im Stich lasse; du bekommst zwar manchmal etwas anderes als du wünschest, aber immer das, was du brauchst, um Richtung zum Heimflug durch die Finsternis zu haben. Du sollst ja ins Leben heimkommen zu mir!

Nein, er erfüllt nicht alle unsere Bitten, aber er erfüllt pünktlich alle seine Zusagen, und die sind viel reicher, die schenken viel mehr. Die fristen nicht nur unser Leben hier, sondern die ziehen uns in das volle Leben bei ihm. Unsereiner will manchmal seinen Weg nach der einen Seite gewendet sehen, aber die richtige Flugbahn wäre nach der anderen Seite. Da nimmt er als Antwort dein Lebenssteuer in die Hand: Komme herüber, mein Kind!

So ist das auch bei diesem Paulus. Da hat einer angefangen, mit ihm Sprechverkehr zu haben, und dem gibt er Antwort. Paulus will uns Mut machen, das auch zu tun. Die Welt ist finster geblieben, unser Leben ist zerrissen geblieben. Es sind lauter ungelöste Fragen um uns, aber einer, der da ruft: Kommt her zu mir ! – ist bei uns und wir geben ihm Antwort.

Und so kann unsereiner Loblieder singen mitten in der Finsternis, mitten in der schrecklichen Welt. Denn Gott selber hat sich vorgenommen, daß er uns allesamt nicht abstürzen lassen will. Er hält und trägt, auch wenn uns die Kräfte versagen.

Das dürft ihr probieren. Und daß man das ausprobieren kann, daß man Menschen Mut machen muß, das schon in der Jugend auszuprobieren, das war der einzige Grund, der Hauptgrund, weshalb eine alte Frau, die mit ihren 80 Jahren ja ganz gut hätte einen ruhigen Sonntag machen dürfen, sich solange sie es konnte und nicht krank lag, Sonntag für Sonntag hier in die Kirche gestellt hat, und hat euch Kinder unterrichtet. Nur um euch beizubringen, daß auch ihr mit seinen Zusagen und Geboten gemeint seid. Sie wollte euch helfen, auf Gott zu hören und ihn lieb zu haben, ihm Antwort zu geben und ihm zu gehorchen.

Vielleicht habt ihr manchmal gedacht: Ach Gott, die alte Frau – es müßte jemand Moderneres sein! Nein, hört einmal zu, ein alter Mensch, der kann nicht mehr so optimistisch über die Welt denken, der kann nicht mehr sagen: Ich habe das Leben ja noch vor mir! Der merkt jeden Tag, wie ihn die Kräfte verlassen. Wenn gerade sie am Ausgang ihres Lebens euch etwas gesagt hat von unserem Herrn Jesus Christus, dann wollte sie, daß ihr euch überlegen solltet: Wenn dieser Mensch, dessen Kräfte nachlassen und der vor sich nichts anderes hat, als den Tod auf dieser Welt, wenn der getrost sein kann und froh sein kann und seinen Herrn lobt, ihm gerne etwas zuliebe tut, dann muß es das tatsächlich geben, daß Gottes Hand unser Leben abhebt von der Müdigkeit und Verzagtheit; dann muß es ja stimmen, daß unser kleines Menschenleben frei wird von der Angst, wenn wir Antwort geben im Gebet dem, der gesagt hat: Mein Kind! – und ihm sagen: Dir sei Ehre, hier bin ich; jetzt trage du mich weiter! – Amen.

1. Sonntag nach Trinitatis
(Zugleich Konfirmation)

1. Johannes 4, 16 b–21

Liebe Freunde!
Daß einen jemand lieb hat, merkt man manchmal zu spät und merkt es manchmal gar nicht. Das wissen Eltern. Kinder wissen das noch nicht. Aber ich meine jetzt nicht die Eltern und die Kinder.
Daß unsereiner geliebt wurde und die Liebe auch hätte danken und erwidern müssen, merkt man am bittersten, wenn jemand unversehens den letzten Abschied nimmt.
Auch diese Gemeinde hat jemanden gehabt, dem sie sehr lieb war. Das war der alte Pastor N. N.
[Als die Gemeinde einmal wieder keinen Pastor hatte, da hat er neben seinen Amtspflichten rund ein Jahr hindurch hier Gottesdienst gehalten, hat getauft und getraut, hat sich darum gemüht, daß der Unterricht der Konfirmanden weiter ging, und hat sich gewissenhaft darum gekümmert, daß es mit der Verwaltung nicht ganz ins arge kam.
Und als damals meine Aufgabe zu Ende ging war er es, der mir sagte: Wissen Sie, die Leute dort sind mir ans Herz gewachsen: bewerben Sie sich doch um das Pfarramt! Es wird Ihnen Freude machen, mit diesen Menschen zu leben.
Das kam ihm von Herzen. Ich bin seinem Rat gefolgt und habe hier viel Freundlichkeit und Liebe gefunden.]
Dieser weise, alte Mann, der euch lieb hatte, lebt nicht mehr. [Gestern, am Sonnabend, als die Gewitterschwüle die Stadt drückte, tat sein Herz unversehens den letzten Schlag. Am Tage vorher war ich noch bei ihm. Es machte uns all die Jahre hindurch Freude, uns gemeinsam um die Bibeltexte zu bemühen.] Er sagte: Sie wollen am Sonntag konfirmieren? [Grüßen Sie mir die Gemeinde.] Welchen Text wollen Sie nehmen: Ich sagte: Wir hören uns immer den Text an, der „dran" ist. Er sagte: Lesen Sie vor!
So laßt uns nun hören, was ich eurem guten Freunde da vorgelesen habe. Es steht im 1. Brief des Johannes, Kapitel 4, Vers 16–21. (Lesung)

Als ich ihm das vorgelesen hatte, fragte er mich: Warum haben Sie den Anfang denn so merkwürdig betont? Ich hatte nämlich gelesen: Gott ist Liebe und wer in *der* Liebe bleibt, der bleibt in Gott und Gott in ihm. Ich sagte: Weil ich fürchte: Wenn wir so das Stichwort „Liebe“ hören, da denken wir an alles mögliche, was wir darunter verstehen, und meinen, wir sollten uns Gott nach diesen Spuren von Liebe ausmalen. Aber wir gehen mit dem Wort „Liebe“ leichtsinnig um. Was wir Liebe nennen, ist oft nur ein Verlangen, sich etwas von jemandem anzueignen. Liebe, das ist bei uns oft etwas, wovon der andere nicht viel hat. Wir sagen: Ich liebe dich doch! – und da bist du mir Dank schuldig. Aber Liebe, die Ansprüche stellt, ist keine Liebe. Ich glaube, was wirklich Liebe ist, das könnte uns nur aufgehen, wenn wir Gottes Liebe und Treue in unserem Leben erfahren.

Ja, sagte er, das mag wohl recht sein, unsere deutsche Sprache ist da sehr arm; die Engländer unterscheiden das besser. Er meinte – bescheiden wie er immer war – er wisse zwar da nicht so genau Bescheid, aber das wisse er: Wir sagen ohne Unterschied: Ich liebe das Angeln, ich liebe Entenbraten und ich liebe meine Frau. Und das sind drei sehr verschiedene Arten von Liebe. Aber die Engländer unterscheiden das: I like – ich mag etwas gerne; I am fond of – ich fühle Zuneigung, hänge an etwas (beispielsweise an meiner Heimat); und nur ganz selten sagen sie: I love – und dann meinen sie wirklich, daß sie jemanden herzlich lieb haben.

Da ist unsere Sprache ärmer. Aber in einem hat sie doch ein besonderes Wort für das „Liebhaben“ geprägt. Wissen Sie, es tröstet mich, daß es in unserer Sprache auch das gibt, daß wir sagen: Jemand ist mir ans Herz gewachsen! An das Herz gewachsen – und, sagte er, das ist hier gemeint. Gott hält es mit uns Menschen so, wie wir es nur selten mit einem Menschen halten.

Gott ist Liebe – das heißt: Wir sind ihm ans Herz gewachsen. Das wissen wir gar nicht. Da schickt er uns Jesus Christus und der sagt es uns: Nun merke doch endlich, daß du mir ans Herz gewachsen bist! Und er sagt es einem bei der Heiligen Taufe. Wenn ich das in einem Bilde malen sollte, was das ist, die Taufe, dann würde ich ein großes rotes Herz malen. Das bekomme ich gerade noch fertig. Und darauf eine kleine Pflanze, und die Wurzeln dieser Pflanze würden bis in dieses rote Herz reichen. Das heißt: Gott ist Liebe!

Es kommt uns so nahe in dieser Welt, daß wir von ihm Kraft zum Leben nehmen können, aus ihm leben.

Daran muß man unsereinen immer wieder erinnern. Und auch unser Text hier ist eine solche Erinnerung. Eine Erinnerung an verarmte Christen. Verarmte Christen, das sind nicht Leute, deren Kenntnis christlicher Lehren unzureichend ist; das sind Christen, die wissen zwar noch die Verheißungen und Zusagen Gottes, aber das gibt ihrem Leben keine Kraft mehr. Sie haben noch den Wortlaut von Gebeten, aber sie können sie nicht mit dem Herzen mitsprechen. Sie haben noch die Heilige Taufe und alles, was sie haben wollen, aber es ist, als wären sie Schlaftrunkene, die nicht wissen, was sie in ihre Hände gelegt bekamen. So sehen verarmte Christen aus. Und wenn wir unser Leben ansehen, dann wissen wir, daß wir auch verarmte Christen sind.

Aber weil wir Gott an das Herz gewachsen sind, deswegen sagt er nicht: Nun ist Schluß!, sondern: Nun fange doch endlich an, du, der du merkst, daß du hast und doch nicht hast; daß du glaubst, aber es gibt deinem Leben keine Form und Kraft mehr; daß du betest, aber du bist gar nicht mehr dabei und hältst gar nichts mehr in den Händen, wenn ich dir gebe. Merke doch an der Furcht, die ich dir gebe, wie arm du geworden bist.

Wir – und Furcht haben? Das stimmt gar nicht! sagen wir. Und wirklich, wer uns sieht, der staunt darüber, wie forsch wir uns oft geben. Alte und Junge wissen die Ellenbogen zu gebrauchen; Alte und Junge verstehen eine Menge vom Geldverdienen und wissen, wie man es zu etwas bringt. Aber vielleicht steckt dahinter manche Angst, zu kurz zu kommen im Leben? Und vielleicht steckt auch Angst hinter unserer Ratlosigkeit und unserer Jagd nach allerhand Genüssen, erlaubten und unerlaubten – die Angst, das Leben zu verpassen, wenn wir zulange warten. Und daß wir nicht warten können – darauf, daß einer reif wird zum Lieben, darauf, daß wir auch einmal etwas von der Welt sehen, – daß wir nicht warten können, sondern so vieles vorwegnehmen möchten, schmeckt doch ein wenig nach Angst. Angst davor, das Leben zu versäumen.

Aber „Furcht ist nicht in der Liebe". Wer in die Liebe Gottes hineingerät, der hat nicht mehr Angst, das Leben zu versäumen. Da fängt nämlich das Leben richtig an. Freilich, ich gebe zu, eine Art von Leben, die uns vielleicht nicht einmal so verlockend vorkommt.

Wenn du es einmal darauf ankommen läßt, mit Gott zu reden und zu leben, der dir hat sagen lassen, wie sehr du ihm ans Herz gewachsen bist, dann merkst du nämlich erst, wie kalt dein Herz und wie fiebrig deine Hände inzwischen geworden sind in der Zeit ohne seine Nähe. Du hast das gar nicht gemerkt. Aber die Leute im Hause haben es gemerkt, wie schwer mit dir auszukommen war. Nun aber, wenn du wieder mit Gott zu reden anfängst, merkst du, wieviel Liebe du den Menschen neben dir schuldig geblieben bist. Denn – so merkwürdig es klingt: Wer wieder einmal angefangen hat, zu beten, und wer sich wieder einmal überlegt hat, wofür er heute danken könnte, was er bekennen müßte, worum er bitten müßte, der sieht sich selber und die anderen Menschen mit anderen Augen an. Dem werden sie plötzlich wieder lieb: die Eltern, die Kinder, die Geschwister, die Hausgenossen.

Wer aufatmend sagen kann: Wie gut, daß Gott, der Herr, doch noch nicht mit mir Schluß gemacht hat, der bringt es nicht mehr so leicht fertig, mit anderen „Schluß" zu machen, sondern lernt die Kunst, zu vergeben und um Verzeihung zu bitten. Und das Wunderbarste: Es macht Freude, Menschen Liebe zu erweisen! Die wichtigsten Fortschritte unseres Lebens liegen für uns dort, wo wir wieder einen Dorn losgeworden sind, an dem sich andere wehgetan haben; wo wir die Herzenskälte überwunden haben, mit der wir den anderen behandelten. Und du hast die Zusage Gottes, daß es nicht nur heute so sein soll, daß du vorankommst auf den Wegen zu anderen Menschen, sondern daß er alle Tage dir und dem Menschen neben dir die Kraft zum rechten Liebhaben schenken will.

Gott ist Liebe – das heißt: Wir sind ihm nicht zu kümmerlich. Er bückt sich über unser Leben, als wärs die einzige Sorge, die er hat, daß dieses Leben verkümmern und verwelken könnte, und als wäre es die einzige Freude, die er hat, wenn unser Leben gerade und wohlgeraten wird. Gott ist Liebe – das heißt: Er beschützt, er gibt Kraft zum Wachsen, er hört mit all dem an keinem Tage auf!

Gottes Liebe – das ist wie eine Quelle, an die wir uns setzen dürfen, aus der wir uns erfrischen dürfen. Und mit frischen Augen sehen wir dann auch, wie lieb der andere neben uns Gott ist – und darum wird er uns auch lieb, so mürrisch er auch sein mag.

Daß wir Christenmenschen „die Brüder lieb haben", das kommt ja nicht aus klugen Reden, das ergibt sich auch nicht aus zündenden

Aufrufen, sondern das liegt daran, daß Gott selber das Quellwasser seiner Liebe in unser Leben sprudeln läßt. Und nun dürfen wir wie lauter Brunnenröhren sein, die dieses frische Wasser zu anderen weiterleiten.

Das ist ein Leben, bei dem uns jeder Tag reicher macht an der Erfahrung, wie nahe Gott uns steht. Und dann versickert unser Leben auch nicht irgendwo im Sande und wir werden nicht ängstlich, wenn auch unser Leben seine Zeit und Grenze findet, und wir verzagen nicht, wenn wir Abschied nehmen müssen.

Unser Herz kann fröhlich bleiben, auch wenn andere uns wehtun. Sie tun uns, was eben so ein Menschenherz fertigbringt. Wir wissen aber inzwischen, was Gott fertigbringt – sogar mit unseren dürren Herzen. Er will bei uns wohnen und unser Gebet ist ganz nahe an seinem Herzen und an seinem Ohr. So groß ist seine Liebe. Und darum können wir auch andere endlich lieb haben.

Als wir uns das überlegten und den Text noch einmal lasen, da seufzte mein Freund und sagte: Furcht ist nicht in der Liebe – was müssen wir da doch für armselige Anfänger sein!

Ist das schlimm, daß so ein erfahrener Mann sich selbst einen Anfänger nennt? Nein, ich glaube, je länger und enger einer mit Gott zusammenlebt, desto deutlicher merkt er, daß wir immerfort wieder in Furcht und Lieblosigkeit hineingeraten. Die eigene Lieblosigkeit und Ängstlichkeit entdeckt unsereiner erst im Lichte Gottes.

Und dann sagte mein Freund: Auch wenn wir nur Anfänger sind, wir dürfen ja doch heute wieder anfangen, uns an ihm festzuhalten. Sagen Sie das Ihrer Gemeinde, Ihren Konfirmanden und den Eltern und den Paten: Gott hat nicht aufgehört, euch liebzuhaben, und er will euch auch heute wieder helfen, in Gottes Namen einander recht liebzuhaben. – Amen.

Johannis – 2. Sonntag nach Trinitatis

Jesaja 40, 1–8

Liebe Freunde!
In manchen Kirchen mag das auch heute noch an der Kanzel stehen: Tröstet, tröstet mein Volk! Ich bin nicht ganz sicher, ob das von uns immer richtig verstanden werden kann. Natürlich gibt es Stunden, in denen wir getröstet werden möchten, und noch viel mehr Stunden, in denen wir trostlos sind, ohne auf Trost zu hoffen. Aber ob das, was wir als Trost erwarten, dann auch immer Trost ist? Ein wenig aufgerichtet werden, ein wenig wieder gestärkt werden, ein paar Schritte wieder auf den Weg gebracht werden – wir wagen ja gar nicht, auf mehr zu hoffen.
Oft ist das, was beim Trösten herauskommt, nur ein Vertrösten. Da vertrösten wir uns damit, wenn uns Schlimmes getroffen hat, daß es noch schlimmer hätte kommen können. Da trösten wir uns damit, daß nach einer trüben Zeit auch wieder eine bessere kommen werde. Da vertrösten wir uns beim Tode eines Kranken damit, daß er nun nicht mehr leide. Und was dergleichen matte Tröstungen mehr sein mögen.
Wenn das der Auftrag Gottes wäre, solche matten Tröstungen weiterzuleiten, dann wären wohl kluge Leute längst darauf gekommen, auf kostspielige Bauten von Kirchen zu verzichten. Was wir einander so an Trost geben können, das wäre solchen Aufwand nicht wert.
„Tröstet, tröstet mein Volk!" – ja, wo kommt das denn eigentlich her? Es steht mitten in der Bibel bei Jesaja. Und die Leute, die sich den Text genau angesehen haben, die sagen uns: Mit diesem Kapitel fängt ein neuer Abschnitt an; wir kennen den Namen des Mannes gar nicht, der da redet; man nennt ihn nur den zweiten Jesaja, weil seine Worte auf der gleichen Schriftrolle stehen, die mit den Worten des alten Jesaja beginnt. Wenn man sich alles durchliest, was auf dieses Kapitel 40 folgt, dann kommt man auch dahinter, wann das etwa geschrieben ist: In der Zeit, in der das Volk, dem die Verheißung galt, daß es vor Gott bleiben werde, in die Gefangenschaft gerissen wurde und dort auseinanderbröckelte, wie

Völker eben auseinanderbröckeln, wenn die Räder der Weltgeschichte darüber hinweggehen. Zu diesem verlöschenden Volk wird hier geredet.

Tröstet, tröstet mein Volk, redet ihm zu Herzen! Macht ihm Mut! Da wird also Menschen, die alle Aussichten darauf verloren haben, noch einmal vor Gott gemeinsam zu stehen und ihn zu loben in Freude und Freiheit, – da wird solchen Leuten gesagt: Wacht auf; euer Weg geht weiter, ja, er fängt nun erst richtig an! Trösten heißt hier „aufwecken" aus der Niedergeschlagenheit, die schlimmer sein kann, als wenn einer tot ist; aus der Verzweiflung, die ärger sein kann, als wenn einer krank ist. Wacht auf, der Frondienst ist beendet! Die Strafe, die euch traf, weil ihr die Zusagen Gottes nicht hieltet, ist erfüllt!

Nicht als hättet ihr etwas abgezahlt und damit verdient, daß sich Gott nun wieder zu euch wendet. Eure Wege gingen in die Irre, sie führten von Gott weg. Mit seinen Strafen hat er euch Einhalt geboten. Aber nun macht er sich auf den Weg und kommt wieder zu euch.

Die Stimme, die dann redet, gibt ja die feste Zusage: Er kommt und läßt sich durch die Wüste nicht aufhalten! Das ist nicht eine Aufforderung an die Leute: So, jetzt werdet ihr wieder gebraucht, macht euch auf den Weg! – sondern die Stimme sagt: Er macht sich auf den Weg zu euch! Keine Wüste hält ihn auf, nicht die lange Wüste eurer stummen Verzweiflungen, nicht die lange Wüste eurer Versuche, euch selbst durch die Welt zu bringen, nicht die Abgründe eurer Schuld, nicht die Berge, nicht die Täler. Er macht sich auf den Weg, er kommt zu euch.

Nun aber kommt das Merkwürdige. Wunderbar, tröstlich ist es, daß Gott dem Volke sagt: Ich komme, und jetzt habt ihr eine Zukunft! Aber der Mann, dem das zu sagen aufgetragen ist, dem dieses Wort in das Herz gegeben wird, das er weitersagen soll, dem gesagt wird: Rufe doch, freue dich doch! – dieser Mann antwortet voller Verzweiflung.

Ich weiß gar nicht, ob ihr das gleich gemerkt habt. Hier steht es aber. Es spricht eine Stimme: So rufe doch, so freue dich doch! Und dem Manne geht es genauso wie euch und wie mir: Er kann sich nicht aufschwingen, er sieht ja doch nur, was vor Augen ist und was an ihm ist und was an anderen ist: „Was soll ich rufen?" Was lohnt es sich denn, von Liebe Gottes zu reden? „Alles Fleisch, wir alle sind wie Gras, alle Pracht verwelkt, wenn der Hauch des Herrn darüberfährt." Und der Hauch des Herrn ist an dieser Stelle nicht der Heilige Geist, sondern ist das, was wir Schicksal nennen und was wir als Tod fühlen und als Untergang.

Wie tut mir das wohl, daß auch dieser Mann, der nicht nur von einem mehr oder weniger klugen Redner gesagt bekommt, daß Gott etwas vorhat, sondern dem es Gott selber sagt, daß er die ihm aufgetragene Botschaft nicht fassen kann, sondern bleibt niedergeschlagen und sagt bedrückt: Was soll schon in dieser Welt das Wort von der Liebe Gottes; solche welke Halme wie uns kann Gott ja gar nicht liebevoll zählen und ernstnehmen. Wir sind nur wie Gras, das ohne Spur verschwindet.

Daß auch ein Gottesmann eine so verzweifelte Antwort gibt, das tröstet mich und das tröstet euch. Also kann es das geben, daß Gott zu uns kommt, uns trösten will, wir aber empfinden das nicht so, daß uns auf einmal alles klar wäre und wir ganz erleichtert und froh wären, sondern uns wird jämmerlich deutlich, daß es keine unglaublichere Behauptung geben kann als die, daß der ewige Gott an so jämmerliche Kreaturen denken sollte. Das kann ja gar nicht sein!

Und die Antwort, die dem Verzweifelten hier gegeben wird: Du hast recht, das kann ja gar nicht wahr sein! Du hast recht: Das Volk ist wie Gras! Du hast recht: Die Blume verwelkt! Du hast recht: Das Gras verdorrt! Du hast recht: Alles, was sich in dieser Weltgeschichte ändert, ist immer nur so, als ob sich ein Kranker von einer verwundeten und schmerzenden Seite seines Leibes auf die andere verwundete Seite seines Leibes wälzt. Und die Veränderungen deines Lebens sind auch immer nur so, als ob unsereiner den einen Schmerz und die eine Schwachheit gegen anderen Schmerz und andere Schwachheiten eintauscht. So ist es.

„Aber das Wort unseres Gottes bleibt ewiglich!" Ich habe das absichtlich nicht so laut gesagt. Ich habe das absichtlich nicht so gesagt, daß ihr euch nur einen Augenblick wieder davon aufblasen ließet, daß Gott ewig sei. Daß das Wort ewig bleibt, das heißt hier und immer: Er vergißt nicht, wenn er einmal angefangen hat zu lieben. Und wenn er jemanden gerufen hat, dann mag der das überhört haben, und mag es auch gehört und wieder vergessen haben. Er aber vergißt nicht, wen er einmal gerufen hat.

Das ist auch der einzige Grund, weshalb er dieses Volk nicht vergißt. Denn es hat sich den Trost nicht erarbeitet, erlitten, erstritten, sondern Gott läuft ihm nach, weil er kein vergeßlicher Gott ist. Das Wort: Ich habe dich bei deinem Namen gerufen, du bist mein! das hat er nun einmal gesagt und das vergißt er nicht mehr.

Ihr wißt, daß dieses Bibelwort dann wiederkehrt bei Johannes, dem der 24. Juni gewidmet ist. Am 24. Dezember, in der größten Finsternis, denkt die Kirche an den, der Licht bringt; am 24. Juni, im hellsten Licht des Tages, denkt sie an den, der auf Jesus zeigt und sagt: Der muß wachsen, ich muß abnehmen! Johannes der Täufer spricht dieses Wort aus dem Jesaja nach. Und wenn er davon spricht, daß Wege bereitet werden sollen und Buße getan werden soll, dann meint auch er das nicht so, daß die Menschen nun anfangen sollen, sich Wege zu Gott zu bahnen durch die Wüste und über Abgründe, sondern er sagt den Leuten: Das Reich Gottes ist nahe herbei gekommen, nun brauchst du dich nur noch umzuwenden und hast ihn bei dir.

Und dieser Johannes, der das selber sagt, dieser große Bote Gottes, wie hat er gelebt, wie ist er gestorben? Im Triumph? Jämmerlich zugrunde gerichtet durch eine gerissene Frau, die einen schwachen König dazu überlistete, Johannes köpfen zu lassen. Und noch aus dem Gefängnis hat Johannes tief verzweifelt Boten zu Jesus geschickt: Bist du es denn? Kommt in dir nun wirklich Gott zu uns? Denn es ist unglaublich, daß das wahr sein sollte. Nicht einmal dieser Johannes vermochte das ganz zu glauben.

Und die Antwort, die ihm gegeben wurde: Selig, wer sich nicht an mir ärgert; selig, wer nicht erwägt und denkt: Kann das sein, mag das sein, ist das möglich, müßte ich es da nicht anders erkennen? Selig, wer aufnimmt was ich gebe, mich nimmt, wenn ich zu ihm komme!

Und so ist dieses Wort nun bis zu uns gekommen, dieser Zuruf, den der namenlose Gottesbote hörte, als das Volk in Gefangenschaft war, den Johannes weitergab als der Vorläufer Jesu, und das auch für uns wie für jenen Propheten und jenen Johannes erst einmal nur ein Wort ist, von dem wir nicht glauben können, daß es sich wirklich an uns erfüllen soll. Wir kennen die Trostlosigkeit und behelfen uns mühsam mit Vertröstungen, wir können an Trost so leicht nicht mehr glauben. Sollte das wirklich wahr sein, daß wir vergänglichen Menschen, die wir wie Gras dahinwelken, Gott so viel wert sein sollten, daß er bis zu uns kommt und uns aufrichtet?

Wenn es uns durchfährt: Aber das ist ja unmöglich! – dann haben wir wenigstens eines begriffen: Wie ungeheuerlich das eigentlich ist, was uns hier angekündigt ist. Und dann ist es nur noch ein Schritt bis dahin, daß wir ihm antworten: Wenn es hier wirklich Trost geben soll, wo wir nur Schuld, Vergänglichkeit und Verzweiflung kennen, dann müßtest du selber ihn geben, da müßtest du selber mit deiner Hand uns aufheben, daß wir es spüren: Was auch immer zu Ende geht in unserem Leben, deine Liebe ist noch nicht zu Ende gegangen.

Und ich kenne nun beides: Die Trostlosigkeit und den Jammer, den Jammer darüber, daß Geliebtes vergeht und wir bitteren Abschied nehmen müssen, und daß durch Wüsten und Finsternisse hindurch jemand zu uns kommt in das Haus – und der vertröstet nicht nur, sondern der erfüllt sein eigenes Wort: Eure Traurigkeit soll in Freude verkehrt werden!

Denn das erst ist Trost: Wo aus lauter Traurigkeit Freude wird! Freude hat nichts damit zu tun, daß menschliche Rechnungen endlich aufgehen, menschliche Hoffnungen erfüllt werden, sondern damit, daß jemand zu den Traurigen kommt und bei ihnen bleibt – und es reißt ihn keiner mehr von deiner Seite. Und niemand, auch nicht der Tod, reißt ihm einen aus der Hand, den er geliebt hat. Eure Traurigkeit soll in Freude verkehrt werden. Das gilt uns, das löscht nun nicht mehr aus. Wir verzweifelten und kümmerlichen Leute dürfen ihn heute noch loben. – Amen.

3. Sonntag nach Trinitatis

1. Petrus 5, 5–11

Liebe Freunde!
Am Anfang steht ein Wort, das heute ganz bestimmt nicht gerne gehört wird. Nur in der Kirche kann man es zur Not noch wagen, eine Rede anzufangen mit „Haltet fest an der Demut"! Ein Politiker dürfte das gar nicht riskieren, die Demut irgendjemandem zu empfehlen. Da würde sofort gepfiffen und Krach gemacht. Demut – was ist das schon? Eine unwürdige Haltung, eine Beugehaltung des Menschen, die Schäden verursacht! Er bekommt ein krummes Kreuz; er bekommt den berüchtigten Untertanengeist. Deswegen bemühen wir uns mit einer seltenen Einmütigkeit, alles, was an Demut und Gehorsam erinnert, den Menschen zu ersparen, damit seine Wirbelsäule schön gerade bleibt.
Nun wissen die Mediziner: Es gibt tatsächlich – um bei der Wirbelsäule zu bleiben – den bekannten Schaden, das ist die Lordose, da sind die Wirbel nach vorn verändert, verkrümmt. Es gibt aber natürlich auch den entgegengesetzten Schaden, das ist die Kyphose. Da kippt die ganze Sache nach hinten und man bekommt die Nase gar nicht mehr herunter. Ich glaube, wenn wir uns jetzt bemühen, die Erziehung zur Demut in eine Erziehung zum Ungehorsam umzuwandeln, dann tauschen wir ein „Wirbelsäulenleiden" nur gegen das andere aus. Und – um es ganz nüchtern zu sagen (hier ist ja nicht gepfiffen worden, deswegen kann ich ja weiter reden) – in unserem Text ist gar nicht die Rede von einer bestimmten günstigen Haltung, in der der Mensch hin und her laufen soll, sondern hier ist aufgerufen, sich ohne viel „Federlesen" und ohne sich erst umständlich zu spreizen in die Hand Gottes zu begeben.
Und das ist die Hand, aus der das Leben kommt und der Tod, die Gesundheit und die Krankheit, der Frieden und der Krieg; das ist die Hand, vor der sogar die Teufel zittern. Wer das fertig bringen soll, sich dieser Hand zu übergeben, der braucht Kraft. Also hat die Demut nichts mit kraftlosem Zusammensinken zu tun, sondern mit einem Mut, der das Haarsträuben vor dem allmächtigen Gott überwindet und auf Jesus Christus hört, der zu uns gekom-

men ist und gesagt hat: Ja, er ist der Fürchterliche, aber er hat euch lieb, springe zu ihm; er wird dich nicht erwürgen, Kind, komme zu deinem Vater! Demut, die hat etwas damit zu tun, auf diesen Ruf keine Ein- und Ausreden zu machen.

Und das Gegenteil von Demut in diesem Text ist übrigens auch gar nicht der Hochmut, die hochgetragene Nase, sondern die Hoffart. Der Name dieses Zustandes genannt „Hoffart“ ist nicht mehr modern. Das, was damit gemeint wird, ist freilich immer modern. Ein Hoffärtiger – darunter versteht man jemanden, der alles besser weiß und alles allein fertig bekommt: Davon verstehe ich etwas; das könnt ihr mir schon glauben, davon weiß ich mehr usw. usw.! Das Gegenteil von diesem Sprung zu Gottes Hand ist also etwa der Gedankengang: Das weiß ich schon alles besser, lieber Gott. Du bist zwar ein guter Mann und in Kirchenfragen und wenn es um das Glaubensbekenntnis geht, dann kommt es sicherlich auf deine Meinung an, aber in den alltäglichen Dingen bin ich Kaufmann; wie man rechnet, weiß ich am besten! Lieber Gott, du bist zwar ein tüchtiger Mann und sicherlich hast du Leben gegeben und erhältst es auch, aber wenn es um Krankheit geht, dann muß ich schleunigst mich mit der neuesten medizinischen Forschung beschäftigen, nur die kann mir Leben geben; Mediziner wissen das besser!

Nun wissen die Mediziner wirklich allerhand, und wir verstehen auch wirklich allerhand von unserer Arbeit, gut und schön. Aber den lieben Gott dann auf das Altenteil schicken, als sei er ein alter Opa, der vor der Haustür sitzt, und wenn wir Feierabend haben, dann können wir ja einmal ein paar Wörtchen mit dem Alten reden, das ist die schändlichste Art, den, der Leben gibt und Leben nimmt, der Kriege aufbrennen und verlöschen läßt, zu verhöhnen.

Es ist in unserem Text kein Träumer gewesen, der uns auffordern möchte: Flüchtet euch unter die Hand Gottes, vergeßt eure Sorgen! Das steht gar nicht da. Sondern es heißt: Geht Gott zur Hand und werft eure Sorgen auf ihn! Das ist nüchtern geredet und eben nicht so, wie wir das oft meinen.

Der Apostel stellt sich nicht hin und sagt: Sorgen kenne ich nicht, Leid kenne ich nicht, denn ich bin ein Christ und Gott ist lauter Güte. Diesen Unsinn, der eine halbe Wahrheit – aber eben auch nur eine halbe Wahrheit ist, hat nie ein Apostel gesagt. Sondern der, der hier redet, sagt: Jawohl, Sorgen, die kenne ich, den Teufel, den kenne ich, das Leid, das kenne ich. Er sagt nicht: Es gibt keine Sorgen! Sondern er sagt ja merkwürdigerweise: All eure Sorgen werft auf ihn, und das müßt ihr alle Tage tun, denn solange ihr lebt, werdet ihr eure Sorgen haben!

Ich will hier nur einmal ganz schnell etwas dazwischen sagen: Erwachsene bilden sich leicht ein, nur der Erwachsene habe Sorgen. Sie haben vollkommen vergessen, wieviel Sorgen, Leid und Schmerzen wir in den Jahren unserer Kindheit auch kennengelernt haben. Sie sind anders, aber sie brennen nicht weniger, sie drücken nicht weniger. Das Wort von den Sorgen geht wahrhaftig nicht nur die sogenannten Erwachsenen an. Nein, das sollten wir uns alle, Alte und Junge, sagen lassen und uns fragen: Was meint der? Der weiß also, daß ich Sorgen habe, der weiß, daß mir weh um mein Herz ist! Wie kann ich das los werden?

Sorget nicht! heißt es auch in der Bibel beim Satz von den Vögeln, die nicht sorgen. Die tun ja übrigens auch das Ihrige. Die Vögel sitzen nicht auf dem Nestrand, sperren den Schnabel auf und warten, bis das Futter kommt. Sondern den Schnabel, die Flügel, die Krallen, die haben sie und gebrauchen sie fleißig. Aber mehr tun, als sie können, das geht nicht, das brauchen sie nicht, das brauchst auch du nicht. Auch wo du tust, was du kannst, wird Sorge bleiben, aber das soll nicht mehr deine Sorge sein.

Da steht nun das Wort: Werfet eure Sorgen auf ihn! Einen Stein fallen lassen, das strengt nicht an; aber einen schweren Stein werfen, da muß ich alle Kraft zusammennehmen, um das in die Hand zu bekommen, was mich drückt. Und nun hin damit! Ich muß aber wissen, wem ich das dahin werfe!

Das, was Sorgenwegwerfen hinüber zu dem, dessen Hand gewaltig ist, – was das heißt, das hat damit zu tun, daß unsereiner sich die Zeit und die Kraft nimmt zum Beten. Und je größer dein Stein, desto mehr Zeit brauchst du. Luther hat gesagt: Wenn ich viel Arbeit habe, dann bete ich bei zwei Stunden am Tage! Da denkt unsereiner: Gott, der Arme, wie hat der die Zeit vertan! Nein, in der Zeit hat er alles das, was Sorge war, seinem Gott übergeben, und dann auf sich genommen, was Arbeit und Verantwortung und Fleiß tun kann. Gott wird sorgen, was daraus wird. Es lohnt sich, den Sorgenstein mit aller Kraft wegzuwerfen, denn er ist da und fängt ihn auf! sagt der Apostel.

Und dann sagt er: Seid nüchtern und wachet, denn euer Widersacher, der Teufel, geht umher wie ein brüllender Löwe und suchet, welchen er verschlinge! Der Teufel ist natürlich unmodern. Leicht denkbar, daß der eine oder andere mich jetzt fragen möchte: Wie, Sie wagen noch von dem Teufel zu reden? Sicherlich, vom Teufel zu reden ist nicht mehr in der Mode; aber daß etwas nicht in der Mode ist, ändert ja nie etwas an den Wirklichkeiten. Nur Moden ändern sich.

Bitte, so hat sich zum Beispiel die Mode eingeführt, die Röcke kurz zu tragen. Aber diese Mode hat gar nichts daran geändert, daß die Beine, die darunter hervorschauen, manchmal nach längeren Röcken verlangen. Die Beine sind ein Stück Leben, die Röcke sind ein Stück Mode.

In unseren Gedanken steckt immer ein Stück Mode, aber die Wirklichkeit ist nach der Meinung dieses Mannes und nach der meinen: Wir haben es nicht mit „bösen Sachen“ zu tun. Mit bösen Sachen, bösen Hindernissen, über die man stolpern kann, wäre leicht fertig zu werden. Wenn ich weiß: Aha, da liegt so etwas, dann mache ich einen Bogen! Aber da ist jemand, der legt dir die offene Falle immer genau wieder vor die Füße. Du hast es gerade geschafft, in eine häßliche Sache nicht hineinzutappen, jetzt bist du stolz aufgerichtet – da sitzt du schon wieder in einer Falle. In deiner stolzen Tugend hat er dich gefangen, in lieblosem Triumph verachtest du alle, die dort straucheln, wo du zufällig einmal nicht gestrauchelt bist. Du bist schon wieder in der Falle drin!

Da ist jemand, der baut dir Fallgruben und du fällst hinein. Und er macht es so geschickt, daß du es gar nicht merkst. Da hast du es mit dem Teufel und nicht mit bösen Sachverhalten zu tun.

Es wird natürlich viele Leute geben, die sagen: Das ist altmodisch, den Teufel gibt es nicht; was da von den Fallgruben gesagt wird, und daß man, wenn man einer entgangen ist, schon in die nächste gerät, das stimmt nicht; ich bin in meinem Leben nie in die Fallgrube geraten, ich bin immer ein anständiger Mensch gewesen!

Von mir aus betrachtet würde ich sagen: Der sitzt in einer ganz großen Fallgrube in bester Gesellschaft mit allen Pharisäern zusammen. Diese Fallgrube ist wohnlich eingerichtet, tapeziert mit dem Spruch: Ich bin immer ein anständiger Mensch gewesen! Der Teufel versteht es, seine Fallgruben wohnlich einzurichten!

Der Teufel macht uns das Leben nämlich nicht unbequem, sondern bequem. Unbequem macht es uns unser Herr. Jawohl, der Teufel macht es uns immer sehr bequem, dieser merkwürdige Verführer zum bequemen selbstgefälligen Leben. Und sein Meisterstück ist es, sich unsichtbar zu machen und uns einzureden, es gäbe ihn gar nicht. Das versteht er natürlich recht gut. Deswegen steht hier: Seid nüchtern und wachet, denn euer Widersacher, der Teufel, geht umher wie ein brüllender Löwe! Der Mann, der hier schreibt, versteht von Löwen mehr als ich. Und da sollten wir uns einmal genau informieren. Der Löwe brüllt, wenn er los geht und Beute sucht. Wenn er sie dann beschleicht, brüllt er gar nicht. Aber wenn er sie nicht bekommt, dann fängt er wieder zu brüllen an. Er brüllt – dieser Teufel brüllt, weil er uns nicht leicht bekommt. Inzwischen steht nämlich der Stärkere neben uns, an den traut er sich nicht heran. Und dann kann er uns nur mit Gebrüll von Gott wegschrecken.

Seht ihr, bei diesem „Er brüllt wie ein Löwe" kommt es nicht auf den Schwanz an, als sollte da der Teufel beschrieben werden, sondern auf das Maul. Und das reißt er weit auf. Und ein bißchen von seiner Methode ahne ich: Er will uns ja von der Hand wegscheuchen, an der wir sicher wären vor Tod und Teufel. Er brüllt, damit wir uns ängstigen und Fehler begehen.

Das geht etwa so: Ich habe etwas falsch gemacht. Es wird demütigend sein, das einzugestehen. Da brüllt er: Das wirst du nicht ertragen, wenn die Leute jetzt deinen Fehler wissen! Und schon habe ich gelogen und bin weg von der Hand.

Oder ich muß, weil mein Herr es mir auferlegt, warten, verzichten, tragen. Und er brüllt unüberhörbar: Dein schönes Leben wird verstreichen, stiehl dir doch die Freuden, die du nicht bekommst! Und schon habe ich die Hand losgelassen und schon bin ich ihm in die Klauen gefallen. Und er weiß, wie gut das ihm schmeckt, einen Menschen alles das tun zu lassen, was den Menschen so bequem scheint, ihn aber mit Sicherheit von dem Einzigen entfernt, den dieser Teufel fürchtet: den Herrn!

Ja, und dann sagt der Teufel auch manchmal ganz reizende Sachen: Du mußt doch deine Familie lieben! Und dann schinde ich mich und arbeite, so daß überhaupt kein Feierabend bleibt, in dem ich mit meiner Familie reden könnte! Ein ganz wohlberechnetes Gebrüll, und schon bist du von der Hand weg.

Merkwürdig, daß wir Gott entlaufen können, aber dem Teufel nicht. Gott kann es sich leisten, uns weglaufen zu lassen, zum Schluß werden der Teufel und wir in seiner Hand liegen. Der Teufel hat nur so lange Zeit, wie wir leben. Nur in dieser Welt hat er noch Macht. Aber er braucht sie nicht zu haben, wenn auch „mit unserer Macht ist nichts getan". Der Herr ist nahe.

Und dann folgt das letzte Wort vom Leiden: „Ihr, die ihr eine kleine Zeit leidet." – Liebe Freunde, die „kleine Zeit" ist unsere ganze Lebenszeit. Sie ist alles, was wir haben. Wie soll man das ertragen, immer wieder leiden zu müssen, solange man lebt? Und hier wird nicht einmal gesagt, daß das Leid unseren Charakter formt! Solche törichten Behauptungen suche woanders, die stehen nicht in der Bibel. Der, der hier schreibt, der weiß, was Leid ist, und wir wissen es auch von unserer frühesten Jugend an. Auch Kinder kennen bitteres Leid. Da bricht unser Leben zusammen, da bröckelt der Grund unter unseren Füßen, da geht uns die Standfestigkeit verloren, denn die Länge trägt die Last. Und die kleine Zeit ist alles, was wir haben, sie ist unsere Lebenszeit. Was sollen wir da tun?

Ich muß zugeben: Das ist sein Geheimnis. Trage nur dein Leid! So rätselhaft das auch ist, daß es dir Gott auferlegt, während der Teufel behauptet, er wisse einen Weg, der dir das Leid erspart. Nein, Gott erspart es dir nicht. Und nun das Geheimnis: Wenn du deine Schulter getreulich darunter legst, dann wirst du merken, daß Gott seine eigene Schulter daneben legt. Und so seid ihr so nahe, wie ihr sonst nie beieinander gewesen seid. Das ist keine Redensart. Ich habe es ausprobieren müssen und ich habe es ausprobieren dürfen. Solange du vor dem Leid davonläufst, läufst du vor diesem Geheimnis davon, daß jemand mit dir zusammen trägt.

Seht ihr, das ist also das, was der Mann nüchtern sagt: Es wird in deinem Leben die Sorge geben und um dein Leben herum wird jeden Tag der Widersacher sein und er wird dir vorreden, wie man es sich bequem macht. Und es wird das Leid bleiben, und du als Christ wirst von Sorge und Leid nicht frei sein. Und du wirst noch sagen können: Komm her, Sorge, da bist du ja; rede nur, Teufel, da bist du ja. Sorge, gehe zu dem, dessen Hand zu mir gekommen ist; Teufel, schaue auf den, der weiß, worauf er mit mir hinaus will; Leid, komme her, er trägt es mit mir! Und näher kann ich mit Gott, meinem Herrn, nicht beisammen sein, als wenn wir beide unsere

Schulter unter denselben Balken legen. Das will er tun, wirf den Balken nicht weg!

Und so endet das alles mit einem Dankgebet. Mit einem Dankgebet obwohl er gesagt hat: Jawohl, die Sorge bleibt, der Teufel bleibt, das Leid bleibt, und ihr Christen werdet mit allen dreien wesentlich mehr zu tun haben als die anderen Leute. Ihr werdet mit keinem Herrn zu tun haben, der euch das Leben bequem macht, aber mit einem Herrn, der „vollbereitet". Das heißt: Was er anfängt, das bringt er auch fertig. Er gründet, er gibt ein Fundament. Und das ist fester, als die Welt ist.

Ist es das wirklich? Christen müssen ja demütig zugeben, daß der Boden unter den Füßen, den sie haben – dem Boden dieser Welt trauen sie ja nicht mehr –, daß der Boden unter ihren Füßen sehr schmal ist. Mehr haben die Christen nämlich nicht unter den Füßen, als immer nur eine Handbreite. Aber diese Handbreite ist Gottes Hand. Darauf darfst du stehen, auch heute. Gott sei Dank. – Amen.

4. Sonntag nach Trinitatis

Römer 8, 18–23

Liebe Freunde!
Von dem „ängstlichen Harren der Kreatur" reden auch Dichter und Philosophen. Und was wir hier hören, von dem Seufzen der Kreatur und dem Stöhnen und dem Sich-Ängsten, ist uns ja nicht nur als Wort, sondern auch als Wirklichkeit dieses Lebens wohl bekannt. Man braucht gar nicht einmal so sehr alt zu werden, um zu merken, daß diese ganze Welt voller Seufzen und Stöhnen und voller Schmerzen ist. Man braucht nur ein wenig schärfer hinzusehen, dann entdeckt man die Not auch hinter manchem, was zunächst reizend und schön scheint.
Früher habe ich gedacht, man könne den Menschen wenigstens irgendwann einmal einen Augenblick aufzeigen, in dem nun wirklich nur noch die Möglichkeit ist, Gott zu loben, weil alles so schön ist. Da sagt man etwa auf einer schönen Wiese im Abendrot unter den Frühlingsbäumen: Hörst du den wundervollen Gesang der Vögel? Alles ist voll Frieden, Ordnung, Schönheit! Aber wenn der andere gewitzt ist, dann achtet er darauf, daß die Drossel ihr Lied einen Augenblick unterbrach, um einen Wurm zu fressen. Und dann achtet er darauf, daß dort, wo er gestanden hat, das Gras zertreten ist. Er hat Leben zertreten. Jubel und Ächzen – immer ist es beieinander. Und man kann es schon verstehen, wenn Schopenhauer, der sich diese Welt betrachtete, gesagt hat: Sollte ein Gott diese Welt gemacht haben, dann möchte ich dieser Gott nicht sein; ihr Leid würde mir das Herz zerreißen!
Der Mann hat doch wahr gesprochen. Es ist beinahe so, als ob wir nur in kurzen Augenblicken uns ein wenig täuschen, einmal glücklich sein können, weil wir überhören, was da schmerzt und brennt und stöhnt. Und es scheint beinahe, als bleibe uns nur der Ausweg, entweder je nach Temperament uns wie jener Gautama Buddha zurückzuziehen und zu sagen: Ich mag nicht mehr, ich kann nicht mehr, ich will nicht mehr teilhaben an dem, was das Leben heißt, denn es ist nur Leid! – oder sich mit – wie man das nennt – Engagement an die Veränderung dieser Welt zu machen. Aber die Verän-

derungen sind kaum weniger schmerzhaft und grausam, die die Weltverbesserer vornehmen, als das, was sie zu verbessern suchten. Unser Text steckt voller Hinweise auf das Stöhnen und Seufzen, und doch ist eines anders. Hier redet weder Buddha noch Mao, hier redet Paulus. Was ist denn da anders? Paulus redet mit einer großen Selbstverständlichkeit vom Leiden: dieser Zeit Leiden! Ein Christ ist also nicht ein Verschonter, der kein Leiden hat; sondern ein Christ ist einer, der auch leidet so wie alle. Es scheint sogar beim Christen ganz fest dazu zu gehören und gar nicht etwa ein Versehen Gottes zu sein, daß der Christ eben auch leidet.

Luther hat einmal gesagt: Wenn dich Gott heim ruft, wirst du als erstes gefragt werden: Du Christenmensch, wo sind deine Nägelwunden, deine Striemen, die Spuren deines Dornenkranzes? Wo bist du ihm ähnlich gewesen, deinem Herrn? Das klingt doch so, als gehöre das Leiden dazu? Nicht nur als ein notwendiges Übel, sondern als ein Zeichen, das der Herr den Seinen aufprägt.

Das sagt sich schön in der Kirche. Kann Paulus das verantworten, was er da sagt? Wenn er vom Leiden redet; wenn er sagt, daß dieser Zeit Leiden – und er kennt sie doch wohl? – nur eine geringe Sache sei gegenüber einer Herrlichkeit, die uns soll offenbart werden? Paulus gibt dem Leiden seinen Platz im Leben jedes Christen. Aber er macht es anders als wir es sonst hören. Es gibt sehr kluge Leute, und ich will mich durchaus nicht mit ihnen messen, die sagen: Leiden hat an und für sich immer einen Sinn. So wie unter bestimmtem Druck sich etwas verdichtet und kristallisiert, so ist es der Druck des Leidens, der den Menschen gehaltvoller macht. Es mag sein, ich weiß nicht, ob das stimmt; ich kann es weder behaupten noch bestreiten. Ich kann nur sagen, daß Paulus das jedenfalls nicht meint. Es gibt keinen Satz in der Bibel, der uns sagt, daß das Leiden den Menschen gewissermaßen charakterlich kristallisiert. Sondern immer steht die Sache anders.

Dieser Paulus, der ja an einer Stelle sagt, er habe einen Pfahl im Fleisch (und das ist ein bißchen mehr als unsere Pfählchen im Fleisch, über die wir jammern und wimmern und Gottes Gerechtigkeit in Frage stellen) – dieser Paulus mit dem Pfahl im Fleisch, der bekommt von jemandem die Antwort: Laß dir an meiner Gnade genügen! Dieser „Jemand“, der uns nicht aus der Hand und nicht aus den Augen läßt, der ist es, worauf es hier ankommt, weil Leiden uns an diese Hand drängt. Wer nicht mehr stehen kann, der muß sich festhalten. Und Gott sei Dank, da ist jemand, der hält. Nur so kann das Leiden zu einem Wege werden zu jemandem, der da steht und auf uns wartet. Das sagt uns Paulus.

Und der, den einer im Leid finden kann, der bringt es wohl fertig, daß dort, wo Lücken in unserem Leben gerissen werden, es auf einmal ist, als hätte er Rosenbüsche gepflanzt oder Fruchtbäume. Und der Beraubte wird reich. Ein Satz, der nicht gilt in der Welt, es sei denn, einer komme und mache den Beraubten reich.

So redet Paulus vom Leid und sagt, es sei ein geringer Preis. Und nun könnten wir noch etwas überhören! Wir könnten sagen: Aha, also geht es um den einzelnen Menschen und darum, daß er selber diese Hand findet! Achtet darauf, wie weit jetzt Paulus das Blickfeld macht. Jetzt schaut er auf die ganze Kreatur, auf alles, was es da gibt, auf alles, was da leidet. Der Weg, den du zu Gott findest, ist zugleich ein Weg, auf dem der ganzen Welt geholfen wird. Der Weg, den du verfehlst, ist zugleich ein Weg, auf dem du die ganze Welt von Gott weg verstößt.

Wie merkwürdig ist das! Wenn Paulus sagt, daß die ganze Kreatur seufzt und leidet, dann meint er natürlich erst einmal auch das, was wir spüren, wenn wir ein Tier sterben sehen. Ein kleines Tier – das geht uns an das Herz, das tut weh. Aber Paulus meint noch mehr. Im Hintergrund steht hier das, was wir als die Schöpfungsgeschichte da in der Bibel lesen. Es ist eine merkwürdige Sache! Wer mag es gewesen sein, der stammelnd den Sinn dieser Welt so niederschrieb, daß der Mensch erlesen worden sei, eines der Geschöpfe, diese Welt zu ordnen nach Gottes Willen voller Vertrauen auf seinen Herrn als seinen Freund? Und dieser Mensch, der Freund Gottes, wurde mißtrauisch und meinte, er komme zu kurz als der Beauftragte Gottes. Er griff nach dem Verbotenen und wurde des Todes schuldig. Das Todesurteil wurde nicht vollstreckt, aber der Mensch wurde verstoßen und der Acker verflucht um seinetwillen. Daher das Stöhnen der Kreatur.

Hier ist mehr gesagt als das, was wir manchmal auch sagen, daß es ein schreckliches Gesetz sei, daß Leben lebt vom Sterben. Das ist ja ein ganz wahrer Satz und dem entgeht ja auch der nicht, der sich die Schrulle der Vegetarier zu eigen macht und nur Pflanzen essen will. Auch Pflanzen leben. Leben zehrt immer vom Sterben. Daß ich lebe, daß ich Kräfte habe, wird immer bezahlt mit dem Sterben dessen, der mich nährt.

Aber hier wird mehr gesagt, als daß das ein schreckliches aber natürliches Gesetz sei, zu dem man eben schweigen müsse. Paulus gräbt tiefer. Er redet nicht nur davon, daß Leben von Leben zehrt, sondern er sieht diese ganze ächzende Kreatur unter noch viel tieferem Verhängnis. Nicht nur, daß wir einander zerstören, um leben zu können, sondern daß wir in alledem Gottes Pläne zerstören, und können nicht anders, als Schritt um Schritt zu zertreten und zu zerbrechen, was Gottes Wille aus Leben hätte machen wollen - das ist Fluch. Und Fluch ist mehr als ein noch so grausames Gesetz des Lebens und Sterbens.

Wie kann Paulus diese Welt über dem Abgrund hängen sehen als eine verfluchte Welt; eine Welt, die verworfen werden muß, wie man etwas Faules, Vergiftetes verwirft – wie kann er das sehen und voller Freude sein? Denn Paulus ist ja voller Freude. Paulus ist ja keiner dieser niedergeschlagenen Philosophen oder dieser verzweifelten, vergifteten Weltverbesserer, sondern er ist ein froher Mann. Wie kann er das, wenn er so viel sieht, mehr als wir bedenken? Wo gibt es den hilfreichen Entschluß in dieser verfluchten Welt?

Bei uns nicht. Aber Paulus sagt: Gott selber hat sich entschlossen, und hat sich entschlossen, zu uns zu kommen in dieser verfluchten und kraftlosen Welt; uns teilhaben zu lassen an Strömen des Lebens und des Segens, an seinen Kräften. Denn alles, was die Bibel sagt, heißt in kurzen Worten: Ich komme, spricht der Herr, habe teil an meiner Kraft.

Und darum gibt es die „Erstlinge des Geistes". Daß ein Mensch nicht nur diese Welt hat, sondern er hat zugleich die Hand Gottes in der seinen, und hat die Kraft, nach Gottes Plan zu schauen und in Gottes Nähe zu wachsen. Für diesen Mann Paulus, dem das widerfahren ist nicht als Ergebnis langer Überlegungen, sondern als ein Stoß, der ihn vom Pferde warf, für diesen Paulus wird jetzt das Seufzen und Stöhnen der ganzen Welt ein Warten, ein Sehnen danach, daß Gott mit seinem Entschluß zum Ziel kommt. Wiederum zum Ziel kommt an dem selben Geschöpf, das er sich einmal ausgewählt hatte, als er es an die Spitze setzte: den Menschen. Paulus redet vom Segen dieses Anfanges, den Gott macht.

Und wenn Gott bei jemandem anfängt, dann muß der auch immer

wieder das Festhalten lernen; und wer wachsen will nach den Kräften, wird sein Zurückbleiben wahrnehmen. So ist es wohl richtig, daß die, die „des Geistes Erstlinge" haben, erst recht sehnsüchtig werden. Die können sich nicht zufrieden geben mit dem, was sonst ausreicht für ein einigermaßen normales Leben, denn denen tritt vor Augen, was sie sein könnten: Lebendige Hände an Gottes Leibe, schön und nicht entstellt, stark und nicht verkümmert, Bilder Gottes in dieser Welt. Wie sollte man da nicht verzweifeln und sich sehnen, wenn unsereiner jeden Tag wieder sieht, wie wenig wir sind. Erst der sieht es, den Gott gepackt hat.

Und zum Schluß überschätzt Paulus hoffnungslos unsere Vorstellungskraft, indem er nämlich sagt: Das Sehnen wird erfüllt, und zwar nicht dadurch, daß wir vom Leide erlöst werden, sondern durch die Erlösung unseres Leibes. Dem, der um unsertwillen die Welt wegstoßen mußte, der wiederum sucht, in uns und durch uns sie zu fassen, dem geht es um Vollendung des Leibes?

Leben, sagt uns Paulus, sei immer leibhaft; was Gott wolle, sei immer leibhaft. Und darum sei auch die Vollendung ein leibhaftes Leben. Ein leibhaftes Leben nicht mehr unter dem Fluchzeichen des Verkümmerns, Verwelkens, des Vorbei, sondern unter dem Segenszeichen der Unerschöpflichkeit, des immer neu gestalteten Lebens. Das geht über unsere Vorstellungskraft. Ja, und Paulus greift noch weiter und sagt: Und dieser Wille, zu vollenden, gelte der ganzen Welt!

Es ist nicht nur Paulus, der uns das sagt. Das sagt Johannes am Ende der Bibel auch: Neuer Himmel, neue Erde, alle Kreatur ist neu! Wer soll das fassen? Wir wären ja schon froh, wenn wir wenigstens einmal das Stöhnen nicht mehr hörten; uns würde es ja sogar genügen, einfach an ein Ende zu kommen, so zerdrückt uns der Jammer dieser Welt. Aber Gott gibt uns den Anfang des leibhaft Neuen.

Da fällt mir die naive Geschichte ein, die mir mein Freund einmal erzählte. Der war es nämlich, den als jungen Kandidaten der Theologie – als Kandidat ist man sehr klug, als Pfarrer bemerkt man seine Dummheit, das ist der einzige Unterschied! – ein junges Mädchen fragte: Kommt mein Hund in den Himmel? Und der gestrenge Kandidat sagte: Tiere nicht! Worauf das Mädchen sagte: Dann will ich auch nicht! Als er Pfarrer war, da hat er begriffen, wie närrisch er war. Wenn wir das Liebhaben gelernt haben, und sei es ein Tier, dann ist unsere Liebe Wärme von der Wärme dessen, der alles Lebendige liebhat. Und was unsereiner liebhat, und sei es nur ein Kätzchen oder was auch immer, das hängt durch unsere Liebe schon unmittelbar an der Liebe Gottes.

Und wenn von uns gilt: Du hängst an so einem kleinen Lebewesen, du merkst ja, wie du daran hängst, sogar an so einem kleinen Tier, dann stelle dir vor, wie Gott, der Herr, an dir hängt. So hängt er nämlich an dir. Und wenn das kleine Mädchen sagte, dann will ich auch nicht, glaubt mir, das ist das wahre Wort der Liebe! Gott selber sagt es: Ich will in meinem Reich sein nicht ohne dich!

Und daß das alles wahr ist, der Anteil an seinen Kräften, der Beginn der Erlösung des Leibes, das kannst du mit Händen greifen, mit gefalteten Händen. Nicht als ob man mit gefalteten Händen an sich irgendetwas festhalten könnte; da kann man nicht einmal den Bleistift halten. Aber Gott, der Herr, hat es so eingerichtet, daß wir ihn selber und all seine Liebe und Nähe greifen und festhalten können, mit gefalteten Händen. – Amen.

5. Sonntag nach Trinitatis

1. Petrus 3, 8–17

Liebe Freunde!

Zunächst kam es mir merkwürdig vor, als mir jemand sagte: „Ich habe mir vorgenommen, meine Grabrede schon jetzt zu verfassen." Der das sagte, war kein Amtsbruder. Dann überlegte ich, daß das keine so dumme Sache sei. Natürlich, es besteht vielleicht nicht allzu viel Hoffnung, daß Grabreden auf diese Art und Weise aufrichtiger würden; vielleicht würde sogar der Ernst von Beerdigungen leiden. Dem Pfarrer nimmt man es nicht so übel, wenn er nicht so genau Bescheid weiß und den Menschen nicht näher kennt, der da beerdigt wird. Aber wenn jemand begraben würde, den wir sehr wohl kennen, so könnten wir uns eines leichten Lächelns nicht erwehren, wenn es dann in der selbstverfaßten Grabrede hieße: „... immer nur das Beste gewollt". Unser Lächeln wäre kein Abglanz christlicher Freude, sondern Abglanz der Schadenfreude: Jetzt haben wir dich erkannt, das sieht dir ähnlich!

Aber es könnte ja die Sache auch ins Ernsthafte gezogen werden. Und wenn unsereiner sich an einer solchen eigenen Grabrede versuchen würde, dann sollte das nicht geschehen im Blick auf die, die sie einst hören müßten, sondern ganz still für sich. Das wäre vielleicht eine gute Gelegenheit, eine Art von Kontoauszug unseres Lebens zu machen. Man würde viele Entwürfe machen, in denen sich immer wieder vieles zu ändern fände: So, wie ich das hinschrieb, stimmt das ja doch gar nicht!

Verschiedenes kann dabei passieren. Bei Belastungen, von denen man mit diesem Ton anklagenden Stolzes reden wollte: „Da wurde mir dies und das angetan", würde man, wenn man darüber nachdenkt, vielleicht feststellen: Das waren gar nicht die ärmsten Jahre, in denen du dir arm vorkamst.

Ich habe eine ganz alte Bibel, die habe ich geerbt. Da steht an einer Seite mit unsicherer, wohl von Trauer zitternder Hand eingetragen ein Datum und ein Mädchenname. Da ist ein Mensch gestorben. Am Rande aber steht geschrieben: „Er ist barmherzig". So etwas gibt es also auch – wie merkwürdig.

Es wäre gut, wenn wir unser eigenes Leben einmal genauer bedächten. Zunächst nur für uns, ohne daß einer uns über die Schulter schaut, damit wir nicht dabei in Pose gehen. Ich glaube aber, man würde ziemlich rasch den Faden verlieren; ich weiß nicht, ob unser Lebensbild als Ganzes dastehen könnte. Da ist doch immerfort ein Abreißen und Knüpfen, weil man ja eigentlich in seinem Leben immerfort wieder den Faden verloren hat. Das Ganze sieht kaum so aus, als fügten sich Bruchstücke zu einem Mosaik zusammen, sondern als seien da eben nur Bruchstücke von Bildern, Plänen, Entwürfen, Anfängen – sei es von innen, sei es von außen. Wohl dem, der gar nicht so weit kommt, daß er diese Bruchlinie merkt. Der Mann ist beneidenswert. Ob er sich aber nicht vielleicht doch täuscht?

Wie stehst du – wie stehe ich selber zu meinem eigenen Leben? Es ist nicht unbedingt gesagt, daß diese Betrachtungen mit Verzweiflung und Enttäuschung ausgehen müßten. Aber daß wir uns einmal ganz bewußt fragen: Was ist eigentlich der Grund, das Fundament, das Ziel, was ist eigentlich das Leitende in meinem Leben? Und darf das, was in meinem Leben das Leitende ist, es auf die Dauer bleiben? Gut, wenn man sich das manchmal fragen würde.

Falls auch in unserem „Entwurf einer Grabrede“ das Stichwort auftauchen würde: „Ich habe mich immer bemüht, das Beste zu tun, aber ich bin allzu oft gekränkt worden“, dann würde uns Petrus erwidern: „Vergeltet nicht Böses mit Bösem oder Scheltwort mit Scheltwort“! Wußtest du das noch nicht? Hast du es auch wirklich so gemacht?

Ich habe mich immer wieder bemüht, das zu tun, was Petrus hier sagt; denn dieser Satz ist einem Christen unserer Tage ja nicht nur aus der Kirche bekannt, wo man weiß, daß dieser Satz von Petrus stammt. Dieser Satz ist ziemlich allgemein anerkannt. Wir wissen das alles, es ist uns nichts Neues, was auch der heilige Augustin ähnlich sagt: „Gutes mit Bösem vergelten ist teuflisch, Böses mit Bösem vergelten ist menschlich; Böses mit Gutem vergelten – das ist christlich.“ Das auch wirklich zu tun, darum bemühen sich viele Leute – oft mit Erfolg, oft mit mehr Erfolg als unsereiner. So stehen die Dinge. Viele Leute halten sich tapfer an diesen Satz und wissen auch, was daran hängen kann für uns und für den anderen. Sie würden den Worten des Petrus zustimmen und sagen: „Lieber

Petrus, mit gewissen anderen christlichen Dingen wissen wir zwar nicht viel anzufangen – und wollen wir auch nicht –, aber in den Sachen Brüderlichkeit und dergleichen stimmen wir durchaus mit dir überein! Brüderlichkeit, mehr Menschlichkeit, das wäre das Beste!“ Da würde Petrus sagen: „Nein, ich will gar nicht wissen, was das Beste, das Erstrebenswerte wäre. Ich habe die ganze Zeit nicht von dem geredet, was wir sollen und möchten, sondern von etwas, was wir ganz einfach – können!“

Ich muß mich zunächst hinter Petrus zurückziehen und tatsächlich feststellen: Petrus erhebt nicht Forderungen, sondern dies ist ein Katalog von Sachen, die unsereiner kann. Petrus beschreibt nämlich nicht seufzend die Armseligkeit des Menschen, sondern besingt den Reichtum des Christen, bei dem es eigentlich unverständlich ist, wenn er sich so wie ein Armer, ein Gekränkter aufführt. „Du hast das nicht nötig“, sagt Petrus, „ihr seid dazu berufen, ihr habt den Segen ererbt!“

Wenn man diese Verse hier so liest, als male uns Petrus ein Land der Träume, in dem man die ganze arme Welt nicht mehr sieht, wie sie ist, sondern wie sie sein sollte, dann hat man ihm schon das Wort im Munde herumgedreht. Petrus redet davon, daß die Sache zwischen Gott und dem Menschen losgeht, daß Gott mit ihm neu anfängt. Leben fängt an mit neu geboren werden. Erbe, reiches Erbe wird verheißen. Nichts ist leichter als Erbe zu sein. Ich muß sagen, wenn plötzlich ein Brief käme, ich hätte eine Million Dollar geerbt, ich hätte keine Anstrengung dabei.

Genauso redet Petrus. Er sagt uns, daß wir schon reiche Menschen sind. Ich muß das noch einmal festhalten und genau hinschauen. Das Neue Testament meint mit dem „Erbteil“ zwar nicht bares Geld, aber Dinge, die kostbarer sind als bares Geld: Wir haben schon die Berufung unserer Erbschaft in der Hand, wenn auch das volle Erbe erst ausgezahlt wird. Aber wer Brief und Siegel hat, der ist ja schon ein reicher Mann; so wie ich schon ein reicher Mann wäre mit dem amtlichen Brief aus Amerika, auch wenn das bare Geld erst später kommt. Schon heute stimmt, daß ich alles voll und ganz habe.

So sagt auch Petrus, daß das Leben Gottes mit dir schon angefangen hat. Und zugleich bist du freilich erst der Säugling, der Anfänger. Was die Worte des Petrus von allen üblichen guten Ermahnungen unterscheidet, das ist der Punkt, daß Petrus eben nicht sagt: „Du sollst“, sondern: „Du hast doch alles!“

Darüber können wir natürlich den Kopf schütteln. Die Gebildeten sagen, das sei wieder einmal die übliche christliche „Paradoxie“. Da ich täglich die Erfahrung mache, daß ich und das Christentum nicht zusammenpassen, sei entweder das Christentum zu hoch, oder ich reiche eben dafür nicht aus! Liebe Freunde, damit, daß ihr merkt, daß ihr nicht „ausreicht“, habt ihr schon bewiesen, daß Er mit euch etwas angefangen hat! Wieso? Daß du unter dem Abstand leidest, das ist schon Fortschritt, das ist schon Leben mit Gott. Der Tod wäre, daß du mit dir selber zufrieden bist, etwa in der Form, daß du dich zufrieden gibst mit dem Satz: „Ich habe immer das Beste gewollt!“

Das erste: Es ist erstaunlich, daß Petrus sagt: Du hast ja alles! Das zweite: Er ist erstaunlich, daß Petrus sich nicht darüber aufregt, daß wir dennoch täglich und stündlich der Ermahnung und Erinnerung bedürfen: „Nun paß aber auf!“

Es verträgt sich also nach der Erfahrung des Apostels miteinander, Kind Gottes und zugleich ein jammervoller Anfänger zu sein! Mitleidig sein, brüderlich sein – das sind ja eigentlich die „Grundschuleigenschaften“. Wir spannen unsere Vorstellungen von dem auf Gott blickenden Menschen, von dem auf Christus schauenden Menschen immer gleich hoch bis zu dem Todesmut, bis zu der völligen Selbstverleugnung. Wir haben aber nicht jeden Tag mit Sterben zu tun oder mit der Aufgabe, Aussätzige zu pflegen, sondern erst mit den kleinen täglichen Grundschulübungen des Christen.

Es wird tatsächlich nicht mehr herauskommen heute aus diesem Text, als diese Grundschulübungen des Christenmenschen. Und gerade das, daß man auf solche Bagatelldinge – daß man mit seiner Zunge vorsichtig sei –, daß man auf solche Dinge hingewiesen wird, das liegt dem Mann am Herzen. Ein Säugling ist hilflos, macht sich immer wieder schmutzig, muß gefüttert werden, es dauert seine Zeit, bis er die ersten Schritte macht – und doch ist er ein ganz und gar lebendiges Kind. Das Wichtigste ist da, das Leben; wenn das Wachsen auch seine Zeit braucht.

Wenn der Säugling auch schon Erfahrungen haben und sich ausdenken sollte, wie er die Chemie beispielsweise durch Entdeckungen erweitern könnte, das wäre ja ein unmöglicher Säugling! Er soll gefälligst erst einmal stehen oder laufen lernen! Wir geben uns scharfsinnig Rechenschaft darüber, daß wir dies oder jenes hohe christliche Ziel nicht erreichen konnten. Wir sorgen uns aber zu wenig um gewisse Kleinigkeiten, etwa daß man heute einmal nicht ganz so brüderlich war. Diesen ganz kleinen Bereich nehmen wir nicht so ernst, und darin unterscheiden wir uns von Petrus sehr.

Nach seiner Meinung sind gerade diese Kleinigkeiten sehr wichtig. Erst einmal für dich selber, damit du am Leben bleibst; dann auch für den anderen neben dir. Von den Kleinigkeiten redet Petrus, als seien das ganz gefährliche Dinge, als seien diese Kleinigkeiten nicht ein paar Spritzer oder Sommersprossen im Gesicht, sondern als seien das die Pocken! Und wenn man da nicht aufpaßt, dann stirbt das Kind. Bei diesen kleinen Sachen begibst du dich in Gefahr, daß du als Gotteskind verkümmerst und verkrüppelst.

Ich will nicht zeitnahe wirken, aber verhängnisvolle Kleinigkeiten gibt es ja medizinisch auch. Man nimmt nur eine „Schlaftablette" – und was im Mutterleibe anfangen soll zu leben, das fängt an zu verkümmern und zu verkrüppeln. So ist das mit deinem Leben als Christenmensch. Gott gibt ihm Kraft – und du kannst sie verkümmern lassen. Und das liegt an den kleinen Dingen? Jawohl! Denn alles das, wovon hier Petrus redet, das sind äußere Bewegungsstörungen des Christenmenschen, der du bist, an denen man merkt, daß da ganz innen eine Lähmung angefangen hat. Das sind Symptome, deshalb sind sie so gefährlich. Wenn du anfängst zu gähnen, wenn dir der Nachbar wieder einmal seine Lebensgeschichte erzählt, das sind Symptome, daß Gottes Segen gedämmt ist. Segen hat immer zu tun mit Kraft, mit Wachstum; die hast du schon „geerbt".

Ich glaube, ich brauche jetzt gar nicht mehr viel auf Einzelheiten einzugehen, etwa: Ein Schlag kann sogar leichter, besser vergessen werden als ein Wort. Gerade wer einigermaßen intelligent ist, verfügt über scharfe und auch spitze Bemerkungen. Unsereiner macht an sich da böse Beobachtungen im Umgang mit Menschen. Das Wichtige aber ist, was Petrus hier sehr ernsthaft sagt: das sind Todessymptome. Nicht daß andere dir damit auf die Nerven gehen; das ist sogar gut, damit du wenigstens merkst, wie weh dergleichen tun kann.

Und nun folgt ein merkwürdiger Gedanke: „Ihr seid dazu berufen, daß ihr segnet." Gott braucht uns ständig. Ihr seid die Leute, von denen der Segen weiterfließen soll, die Kraft soll weitergegeben werden. Ihr seid doch Menschen, die andern Kraft geben sollen. Was soll denn Gott anfangen, wenn ihr in euch schon wieder alles versickern laßt? Ja, Symptome dafür gibt es eine ganze Menge.

Wir sind vielleicht im Leben auch Menschen begegnet, die einem wirklich zum Segen geworden sind. Wir haben uns etwas Gutes gemerkt, das jemand uns gesagt hat oder das er uns getan hat, auch daß er uns im Wege gestanden hat, als wir etwas Unbedachtes tun wollten, indem er sagte: „Lieber Freund, das laß mal bleiben!“ Daß uns so etwas zum Segen wird, hängt nicht an den Voraussetzungen freundschaftlicher Verhältnisse, sondern jeder, der in Gott bleibt, vermag uns zu „segnen“. Der Form nach können Liebe und Segen uns durchaus auch als Widerstand begegnen, und wir können auch anderen Segen weitergeben durch festen Widerstand. Aber der stammt dann nicht aus Eigensinn und Bosheit, sondern kommt wirklich daher, daß ich einen Weg und einen Faden meines Lebens gefunden habe. Daß ich selber von Gott festgehalten bin – und nun kann ich auch andere festhalten; daß ich „bekommen“ habe – nun kann ich auch „geben“.

Und nun nur noch einmal: „Wer will gute Tage sehen, der zähme seine Zunge.“ Das ist das wichtigste Rezept für Petrus. Das wissen wir, daß das viel wichtiger ist als vieles andere. „Er wende sich vom Bösen; suche den Frieden, jage ihm nach.“ Man stelle sich vor, jemand führe nach Berlin oder Hamburg und verlöre seine Fahrkarte – den sollte man „jagen“ sehen! So sieht das aus! Du mußt die Augen aufmachen, Eifer daran wenden, daß du herausbekommst, wo du dem „Frieden“ im Wege stehst, wo du Frieden um dich ausbreiten kannst.

„Wer dem Frieden nachgeht, den schaut Gott an“, das ist uralt. Bei uns hat es andersherum angefangen. Uns hat Gott angesehen! Und wenn Gott uns ansieht, dann ist das mehr, als wenn wir jemanden ansehen. Das beschreibt die Bibel immer, als bräche damit die Sonne durch. Gott hat uns angesehen. Vergiß nicht, daß er dich angesehen hat! Und daß eigentlich kein Mensch zwischen dich und ihn treten kann; nur du kannst dich selber herumdrehen – dann hast du ihm den Rücken zugekehrt. Und dann stehst du verkehrtherum und wirfst einen langen Schatten in die Welt, der kann auch auf andere fallen – und tut es!

„Seid allezeit bereit, allezeit fertig zur Auskunft über eure Christenhoffnung.“ Nun, „fertig“ sind wir oft genug, fast jeden Abend. Vieles „macht uns fertig“. Das hat in unserer Zeit freilich ganz andere Bedeutung: Ich bin leer geworden. Wenn du das merkst, daß du am Ende deines Tages so leer bist, dann merke wenigstens: das ist das Alarmsignal! Nicht nur deinem Herzmuskel gilt das Alarmsignal; du lebst verkehrt!

Erlaubt, daß ich es behaupte, nicht beweise: Es gibt eine andere Art zu leben. Wenn nämlich hinter meinem Leben „Licht“ aufgeht, dann wird manche Sache „transparent“, durchsichtiger. Wenn du bei dem Menschen, der dich ärgert, oder der in Not ist, dich übst ganz kindlich zu fragen: „Lieber Gott, was ist denn jetzt zu tun?“, dann würde dir allerlei viel leichter. Dann wärest du an jedem Abend ein bißchen „gefüllter“ von Erfahrungen mit Gottes Hilfe. Auch wo du jetzt bist – warum bist du heute wieder so auf „Abstand“ geblieben – auf Abstand von Gott und Menschen?

Du brauchst das alles nicht zu sagen in Form deiner Leichenrede – das können wir uns sparen. Petrus hat uns eine Lebensrede gehalten, daß Er sich mit uns eingelassen hat; Petrus hat darüber geredet, wie du lernst, als Christ zu wachsen. Du lebst schon; du brauchst nicht zu verkümmern. Mir kommt es vor, als benähme unsereiner sich so wie eine spaßige Figur in einem Trickfilm, den ich einmal sah: Plötzlich kommt eine Quelle, ein Mann stürzt sich auf die Quelle, und mit dem letzten Satz springt er direkt auf die Quelle! Er fragt: „Wo mag nur die Quelle sein?“ Alle Zuschauer lachen, aber ihm ist gar nicht lächerlich zumute. Und man könnte auch zu uns sagen: „Du Einfältiger, warum stellst du dich denn immer auf die Quelle?!“ Es ist wahr: Laßt uns auf die Leichenrede verzichten und lieber sehen, wie wir jeden Tag mit Gott unsere „Lebensrede“ halten. Das wäre etwas! – Amen.

6. Sonntag nach Trinitatis

Römer 6, 1–11

Liebe Freunde!
Ich würde es für falsche Frömmigkeit halten, wenn wir diesen Text mit seinen geheimnisvollen Worten in andächtigem Gruseln hörten. Viel mehr würde ich es begrüßen, wenn wir den Kopf schütteln würden: Ich verstehe nicht, was Paulus hier meint! Taufe und Begräbnis – das kommt bei Pastoren zwar oft vor: vormittags taufen, nachmittags beerdigen. Mir wäre es aber recht, wenn wir dennoch den Kopf schütteln würden, wenn wir Paulus reden hören. Wir könnten dabei auf den Gedanken kommen, von dem Mann auf der Kanzel zu erwarten, das einmal in vernünftiges Deutsch zu übersetzen. Beim andächtigen Versinken geraten wir nur in Kirchenschlaf.
Was hier im Text steht, ist eigentlich eine recht unverschämte Behauptung des Paulus: Es gäbe auf dieser Welt nur zwei Sorten von Menschen: eine, über die die Sünde herrscht, und eine, über die Gott herrscht. Das ist doch wohl ein bißchen viel behauptet; wir kennen viel mehr Unterschiede! Der eine ist Knecht der Sünde, der andere Knecht Gottes? Wir haben natürlich vielleicht 50 % mit Gott zu tun – aber es wimmelt doch nicht die ganze Welt, die ganze Bundesrepublik von Sündern. Viele gehen mal in die Kirche, mal ins Kino – warum nicht? Welche sind denn nun die Richtigen? Herrscht da mal Gott, mal die Sünde? Oder ist einfach die ganze Einteilung, die Paulus macht, nur fromme Theorie? Vielleicht hat Paulus ein bißchen viel in der Heiligen Schrift gelesen und wenig Zeit gehabt, sich in der Welt umzusehen?
Das täuscht! Er hat sich genau umgesehen. In Rom weiß man, wie schroffe Unterschiede zwischen Menschen es gibt. Es gibt den Senator, der keinen Schritt tut, wenn es heiß ist, und den Sklaven, der kaum einen Schritt getan hat und schon wieder einen Schlag mit der Peitsche bekommt. Da knüpft Paulus an: Solche Sklaven sind wir Menschen alle von Geburt an! Der Herr, der über die Menschen herrscht – an anderer Stelle heißt er der Fürst dieser Welt –, erscheint hier als Sklavenhalter. In seiner Sklaverei ist man gebo-

ren und kann nicht heraus. Erst wer stirbt, wird aus dem Register gestrichen.

Das ist doch ein drastisches Bild: Wir alle als Sklaven, die man mit der Peitsche immer weiter treibt – ob das nun der „Herr Sünde" oder die „Frau Sünde". Ich will nicht behaupten, daß unser Leben uns so vorkommt. Aber manchmal können wir eine Ahnung davon bekommen, wie wenig Freiheit in unserem Leben wir wirklich haben. Wir sind Sklaven, sagt Paulus. Er macht keinen Hehl daraus, daß unsereiner da nicht allein freikommt und heraus kann. Ein „Knecht der Sünde" muß nicht wegen grober Verstöße vor Gericht kommen; es kann auch sein, daß dich einer auf elegante Weise treibt – etwa der Ehrgeiz. Aber immer stehst du unter der Peitsche. Das mag zu unseren Menschenbildern, wie wir sie uns machen, nicht passen. Wer könnte es denn auch aushalten, sich und sein Leben so zu sehen, ohne sich im nächsten Augenblick das Leben zu nehmen? Wir helfen uns, indem wir uns etwas vormachen: „Wir sind ja auch nicht schlechter als die anderen!"

Paulus legt aber keinen großen Wert darauf, uns einzuhämmern, wie aussichtslos das mit unserer Knechtschaft ist. Sondern er legt Wert darauf, uns mitzuteilen, daß das anders geworden ist! Das bekanntzugeben, zieht er in der Welt umher. Nicht um uns zu sagen: „Ihr könnt euch nicht helfen", sondern um uns zu sagen: „Euch ist geholfen!" Was meint Paulus? Wieso ist den Leuten geholfen? Es bleibt seltsam, rätselhaft. Paulus sagt: Gott hat – ohne uns zu fragen – auf eine sehr merkwürdige Weise die Schuld dieser Menschen bezahlt, in Jesus Christus.

Wer das für eine Erklärung hält, der täuscht sich. Das hat auch noch nie jemand richtig verstanden, wie so etwas möglich ist. Da hilft auch nicht, wenn wir uns jetzt hinsetzen und eine große Theorie ausarbeiten wollten, wie so etwas möglich sei. Paulus geht es nicht um Erklärungen, sondern darum, daß dieses neue Leben, zu dem Gott frei macht, uns ganz persönlich geschenkt worden ist und daß wir es jetzt bewahren müssen. Und das traut er uns allerdings zu, daß wir einigermaßen feststellen können, ob wir solches neues Leben in uns haben. Wir wissen, in der Kirche wird immer mal von neuem Leben geredet. Der eine und der andere sagt: „Ich kann mir nichts Richtiges dabei denken!" Wenn du dir nichts Richtiges dabei denken kannst, dann hast du es auch tatsächlich nicht. Und jetzt bin ich beim Allerletzten und zugleich bei dem Punkt, wo für mich die Sache interessant wird.

Paulus sagt, es gäbe da nur zweierlei Arten zu leben: Freiheit unter Gott – Knechtschaft unter der Sünde. Er rechnet alle Leute zu den Sündern. Der zweite Punkt ist, daß er sagt: Gott hat alles getan, damit er dich aus der Sklaverei loskauft; du bist heraus, du hast das neue Leben. Und der letzte Punkt, an dem wir jetzt stehen: Paulus redet davon, daß man als Befreiter solches neues Leben zugleich vergeuden kann. Und das ist der Punkt: Er sagt nämlich, was er hier zu sagen hat, zu getauften Christen! Die Taufe war gewiß damals ein viel einschneidenderes Erlebnis als für uns heute. Die Christen damals haben wirklich etwas erlebt, sonst hätten sie nie gesagt: „Ich empfing Gottes Geist, als ich getauft wurde."

Wir werden als Kinder getauft, wobei wir kaum etwas merken. Wir sind eigentlich peinlich davon berührt, daß man uns als Kinder tauft, daß dies ohne unseren Willen geschieht. Man muß sich aber daran erinnern, daß die Christen anfangs immer mit den Erwachsenen zusammen auch die Kinder getauft haben. Warum? In der Taufe verspricht und tut nicht der Mensch etwas, sondern Gott!

Eine Zeitlang hat man sich gefragt, ob Kinder von getauften Eltern üherhaupt noch getauft werden müßten, da sie doch Gottes Geist vielleicht schon von den Eltern her haben. Aber vererben Eltern Gottes Geist? Braucht nicht jeder Neugeborene die Gabe Gottes von neuem? So wurde es zur Regel, daß Kinder getauft werden, obwohl die Eltern getauft und Christen sind. Aber nur Kinder solcher getauften Eltern werden getauft und es müssen noch zwei Getaufte daneben stehen. Sonst muß die Taufe aufgeschoben werden bis mindestens zum 14. Lebensjahr.

Warum machen das die Christen? Ich will es noch einmal zu sagen versuchen, was die heilige Taufe ist. Was wir sehen – besser: was wir hören – den heiligen Namen Christi – das ist nicht viel. Aber so sieht und hört man ja auch nicht viel, wenn jemand ein Samenkorn in die Erde legt, und doch keimt daraus Leben. Wir würden nichts sehen, wenn wir den Säugling bei der Taufe ausziehen würden, um zu sehen, was da geschehen ist – und doch ist neues Leben gepflanzt.

Und was haben die Eltern und Paten zu tun? Ist es schwer, ein neues Leben zu hüten? Man kann es nicht, wenn man sein eigenes Taufleben nicht zu hüten weiß. Man kann viel über Gott und Taufe wissen, und all dieses Wissen hilft doch nichts, bleibt immer dürr. Die Taufe ist in Ordnung, sie ist wirklich – und doch habe ich nicht aus ihr mein neues Leben. Wie kommt das? Was ist kaputt?

Wir haben es erlebt, daß alles in Ordnung sein kann, und doch geschieht nichts. Heute erleben wir es manchmal an einem Gerät: Alles ist in Ordnung – und doch fehlt etwas, an dem alles hängt. Ein bißchen Staub? Was ist los? Vielleicht ist nur eine Sicherung herausgesprungen?

Ja, auch an einem kleinen Punkt unseres Lebens ist die Sicherung vielleicht herausgesprungen! Alles, was wir brauchen, ist da, und doch geht es nicht voran. Darauf macht Paulus uns hier aufmerksam. Laßt mich gleich vorweg sagen: Paulus macht uns das nicht klar, um uns damit einen gewissen moralischen Stoß zu geben, sondern er fragt: Wie lange willst du denn eigentlich noch den Krüppel spielen? Du hast doch alles! Ja, ihr wißt doch – wie sagt er? – in der Taufe ist der ganze alte Kerl begraben; ihr habt jetzt doch angefangen, neu zu leben! Das leuchtet uns natürlich ein. Wäre ich schon einmal gestorben und als Kind eines ganz anderen Vaters neugeboren, dann ginge mich jenes „frühere" Dasein gar nichts mehr an.

Bleiben wir einmal bei dem Bild vom Säen und Pflanzen. Das ganze Leben steckt schon darin, und doch ist es noch ein kleines Samenkorn, das erst aufgehen muß. Paulus sagt: Liebe Freunde, laßt uns wieder einmal ein bißchen ernst machen mit dem christlichen Leben! Das haben unsere Väter gewußt: Die Taufe ist das Samenkorn – es muß wachsen! Was noch zarte Pflanze ist, muß gehegt werden. Daß die Pflanze Kraft zum Leben hat, dafür bürgt der Gott Himmels und der Erde, dafür verbürgt er sich. Aber aus dem Anfang mußt du weiter! Die Menschen nannten und nennen es noch Erweckung. Erweckung – es kann also jemand ganz gesund im Bett liegen, aber er schläft!

Viele Menschen meinten und meinen noch heute, diese „Erweckung" müsse auch der getaufte Christ einmal erleben. Und man solle mit den Leuten vorsichtig sein, die nur sagen und wissen: Ja, ich bin getauft, es steht in meinen Papieren – na und? Man müsse genau sagen können, wann einer gemerkt hat, was Taufe und Christsein bedeutet: Daß du nicht mehr allein bist, sondern mit deinem Herrn

zusammengehörst. Und daß er sich nicht nur ganz allgemein für die Sünde der Welt hat toschlagen lassen, sondern für dich, für alles, was du bisher vielleicht ein „erfolgreiches Leben" nanntest.
Was nun „Sünde" heißt, schien oft die Fähigkeit, die Gabe, das Leben auszukosten. „Sünde" kann durchaus so aussehen, wie lauter großartige Eigenschaften! Wir ahnen ja gar nicht, wenn wir unsere Fähigkeiten so prächtig praktizieren, daß wir dabei Gottes Pläne kaputtmachen, abschneiden. Wir leben wie mit einer Decke vor den Augen. Vielleicht hilft es einem, wenn man sich immer einmal wieder die Zehn Gebote ansieht, damit man einmal wieder eine Ahnung davon bekommt, wie wenig wir eigentlich Gottes Wege gehen. Vielleicht ahnen wir dann, daß solche „Erweckung" damit zu tun hat, daß wir uns noch vom „anständigen Menschen" plötzlich versetzt fühlen in den Zustand des armen Sünders.
Es wird aber ein ewiger Streit bleiben müssen, ob dieser Zeitpunkt der „Erweckung" immer so genau angegeben werden kann. Es passiert unsereinem oft unbemerkt, daß man ans andere Ufer kommt. Erst später fällt uns auf, daß unsere ganze Sicherheit geschwunden ist und daß wir uns festzuhalten suchen an diesem Christus. Ganz einig sind sich alle Christen nur darin: Eines Tages mußt du gemerkt haben, daß du Christ bist, wenn dein Leben einen Sinn behalten soll.
Das Zweite nannten die Alten „Bekehrung". Das ist nämlich zweierlei! Bei der Erweckung macht man die Augen auf, und bei der Bekehrung fängt man an, Schritte zu machen. Man kommt dabei zu der jammervollen Erfahrung, daß der alte Mensch ständig noch weiterlebt. Der Mensch ist immer noch so wie er war: der Lüsterne, der Jähzornige – immer noch. Hat sich Paulus denn getäuscht? Das kann doch nicht so bleiben!
Aber nun müßt ihr auf eines achten. Ein klein bißchen Erfahrung habe ich da, noch nicht viel, aber ein wenig. Was unterscheidet den Christen von dem früheren Zustand? Früher litt er, wie jedermann, unter seinen Fehlern, weil der Mensch eitel ist, und um nicht ständig erröten zu müssen, wünschte er sich, daß Gott ihn von seinen Schwächen endlich befreien möge. Nun aber begreift er, daß er schon „befreit" ist, auch wenn ihm ständig seine alte Kümmerlichkeit noch über den Kopf kommt.
Ihr seid dazu befreit, dem Herrn zu dienen. Nun schaut nicht

immer nur auf eure noch so wenig geschickten Hände und Füße, starrt nicht ewig auf eure Laster – das erweckt sie erst! –, sondern sagt getrost: „Da du dich nun einmal mit mir eingelassen hast, und es nichts mehr gibt, das mir deine Liebe nehmen kann, so gebrauche mich bitte zu deinem Dienst!" Betet darum, daß er euch zeigt, wo ihr ihm alles dienen könnt.

Und verlangt bitte nicht von ihm gleich ein Riesenprogramm. Er möge euch Schritt für Schritt zeigen, was ihr für ihn tun könnt. Jesus Christus ist ja schon „drin" in euch, obwohl wir, solange wir leben, damit rechnen müssen, daß auch die „Sünde" in uns ist. Der „alte Adam", von dem Luther sagt, daß er täglich „ersäuft" werden soll, und von dem Paulus sagt, daß er in der Taufe ertränkt sei, der versteht es gut, immer wieder den Kopf über die Wasseroberfläche der Taufe heraufzuheben.

Bei Petrus ist das auch so: Er heißt „Simon" als der alte, „Petrus" als der neue Mensch. Und „Simon" nennt ihn der Herr, als er ihm nach der Auferstehung begegnet. „Siehst du, du bist noch der Alte, und doch komme ich zu dir. Und frage nicht: Wie steht es?, sondern ich frage nur eines, du alter Simon-Adam: Hast du mich lieb? Wenn ja, dann komme mit und tu etwas für mich, und laß mich das Arge, Feige und Lüsterne wieder umbringen in dir." Denn seht ihr, daß wir zu dem, was in unserer Taufe gepflanzt wurde, in unserem Leben dann auch „bekehrt" werden, das geschieht nicht mechanisch, nicht automatisch, sondern bei jedem kleinen Schritt, den wir Jesus zuliebe tun, wird der neue Mensch in uns stärker, und bei jedem Stehenbleiben wird er wieder schwächer. Bei jedem Schritt, den wir ihm zuliebe tun, geht dem alten Menschen immer ein wenig die Luft aus. Wenn wir aber wieder stehenbleiben, dann schwillt der alte Adam wieder an. Der „alte Adam" stirbt nicht so prompt, daß wir es im Kalender festhalten können. Oft werden andere an uns gar keine großen Änderungen feststellen können. Aber wenn der alte Adam auch zählebig ist, überlasse getrost deinem Herrn, mit ihm fertig zu werden. So oft du auf deinen Herrn hörst und ihm etwas zuliebe tust, geht die Umwandlung deines Lebens voran, „lebst" du in Jesus Christus als neuer Mensch.

Ja, und ich möchte das jetzt einmal zu sagen wagen, obwohl ich zugebe, daß es sich auch bei mir immer um sehr kurze Augenblicke meines Lebens handelt, in denen der alte Adam klein geworden ist:

Laßt euch nie einfallen, das sei alles nur schönes Kanzelgerede! Ich gebe zu, mein Leben in Christus, das sind kurze Momente, und sie gleiten auch mir rasch aus der Hand, und ich merke es kaum, wie rasch ich inzwischen wieder aufgeblasen bin als alter Adam. Aber eines bleibt: Daß unsereiner sich noch erinnern kann, wie in der Nähe Jesu „Leben“ etwas ganz anderes, viel Volleres, Freieres war, als wir es je geahnt haben! Gebe Gott, daß wir es wieder erfahren und nicht loslassen. Wir brauchen wirklich nur Schritt für Schritt unter dem herzugehen, der schon zu uns gekommen ist. – Amen.

13. Sonntag nach Trinitatis

1. Johannes 4, 7–21

Liebe Freunde!
Mit dem Johannesbrief und seinen Worten geht es einem immer wieder so, daß man sagen möchte – verzeiht, es klingt derb: „Wie schrecklich monoton!“ Da heißt es: Liebe, Liebe, Liebe! Dann möchte man wieder sagen: Wie unerschöpflich! Wie das Meer, das ist zugleich unerschöpflich und monoton; ich fand das wunderschön.
Und hinter diesem Ruf des Johannes steht etwas Unerschöpfliches! Er redet nicht in der Absicht, uns nur in besondere Stimmung zu versetzen. Auch am Meer muß man immer wieder aufstehen und auf mehr oder weniger mühsamem Weg nach Hause gehen. Davon kann man nicht leben: vom Sitzen und Zusehen.
Ich meine, wir sollten zunächst bei diesem Text uns mit einigem Kopfschüteln und einigen Fragen zu Wort melden. Wenn man das immer wieder hört: „Gott ist Liebe“, dann klingt das, als sei das das Selbstverständlichste von der Welt. Ich würde aber meinen: Wenn es in der Welt einen Platz gäbe, an dem man es sich leisten könnte, sich dieser Liebe Gottes und der Liebe zum Nächsten ganz hinzugeben, dann würden wir alle gerne dorthin auswandern!
Der Ort, die Welt, in der wir leben, ist doch schlecht beschrieben, wenn man sagt, hier herrsche die Liebe, hier sei es eine leichte Sache, einander lieb zu haben. Der Gott, der die Liebe ist und uns zutraut, daß wir leicht und bequem einander lieben können – der ist doch eigentlich in dieser Welt nicht zu finden. Hier trifft schon eher die bekannte Formel eines Darwin zu: Kampf ums Dasein! Wer seine Kräfte nicht anwendet, der unterliegt; und Lieben erscheint doch als Verzicht auf den Gebrauch unserer Kräfte. Das Ergebnis wäre, daß uns in kurzer Zeit das Fell über die Ohren gezogen würde, daß wir ganz unten lägen, daß über uns hinweg die Leute trampeln; und wir machen das doch lieber umgekehrt, müssen wir doch auch! So sieht unsere Welt aus!
Nun können wir uns freilich der Fantasie hingeben, daß hinter dem ganzen Kampf irgendwie noch die Liebe Gottes steht – aber ganz weit dahinter. Wir haben es uns aber praktisch längst abgewöhnt,

danach zu fragen, und, wenn wir etwas unternehmen, dann etwa im Brief des Johannes nachzulesen und uns Rat zu holen. Ich tue das jedenfalls nicht. Der erste Brief des Johannes ist völlig unbrauchbar als ein Rezept für dieses Leben. Der Gott der Liebe ist nicht in dieser Welt zu finden; und der Gott der Liebe tut in dieser Welt auch nichts, um sich Platz zu machen und sich zu Worte zu melden. Es kann allenfalls sein, daß der und jener – vielleicht auch wir einmal – versucht haben, in dieser Welt Zeichen seiner Liebe zu finden.

Ich will einmal vorgreifen und sagen: Das gibt es, daß unsereiner auch Zeichen der Liebe findet, und zwar nicht nur dürftige und flüchtige Zeichen, aber sie zu sehen, dazu gehört ein merkwürdiger Schritt. Aus der bloßen Betrachtung der Wirklichkeit dieser Welt und unseres Lebens können wir den Gott der Liebe nicht sehen. Wenn Gott die Liebe ist, dann ist er wirklich ein unsichtbarer Gott. Damit haben wir nichts Lästerliches gesagt; das steht sogar in diesem Text, habt ihr darauf geachtet? „Gott ist Liebe“ – und „niemand hat Gott je gesehen“. Ja, was hat das alles dann für einen Zweck, wenn wir ihn nicht sehen, nicht treffen, nicht finden?

Verrät Johannes uns ein Rezept, Gott doch noch herauszufinden, zu entdecken? Nein, das eben tut er nicht! Aber da steht so ein merkwürdiger Satz: Dieser Gott, den niemand sieht, zu dem niemand kommen kann, der kommt zu uns! Er tritt in die Welt ein. Und dazu sagt Johannes: Die Sache geht eben nicht so, daß wir anfangen, Gott zu lieben – sei es dank der Entdeckung irgendwelcher Zeichen, sei es dadurch, daß wir uns mit einem Ruck aufraffen, ihn zu lieben. Keine dieser Anstrengungen nützt, nicht die ungeheure Sammlung aller Kräfte, nicht die Entdeckung. Die Sache ist anders: Er kommt zu uns! „Nicht daß wir Gott lieben, sondern daß er uns geliebt hat und gesandt hat seinen eingeborenen Sohn zur Vergebung der Sünden.“

Sicheren Schrittes kommt er, der anfängt. Und wer sich selber von ihm lieben läßt, der kann auch lieben. Das klingt zunächst rätselhaft, aber es ist so. Ich habe eben gesagt: Gott kommt in die Welt; Johannes zeigt ein ganz bestimmtes Ereignis an. Wir lassen uns das auch gefallen, daß Gott in Christus in diese Welt gekommen ist. Wir preisen das mit den Liedern und Bekenntnissen unserer Vorväter.

Vielleicht ist es aber ganz gut, wenn wir an dieser Stelle, statt mit dem Kopf zu nicken, ihn einmal schütteln: Das soll Gott sein? Der hungert, dürstet, stirbt wie wir? Das müßte doch anders sein, wenn Gott in diese Welt käme: Die Lügner müßten plötzlich eine geschwollene Zunge kriegen, den Gaunern ihre ganzen Aktienpapiere fortfliegen, den Grausamen die Hände zu Stein werden! Aber es passiert den Lügnern nichts, den Tyrannen nichts – eigentlich wieder recht enttäuschend. Und wenn man will, kann man sagen: Die ganze Geschichte von Jesus Christus ist eben doch nur eine fromme Fabel. Und was Johannes auch schon schreibt: Wie anders ist die Welt, in der wir leben, als die Welt, die er beschreibt! So kann man natürlich sagen, so kann man durchaus sagen, und man kann seine Enttäuschung mit einem gewissen Stolz durch dieses Leben tragen. Man ist mit dieser stolzen Absage an Gott sogar sicherlich weiter, als mit einer gewissen falschen Naivität.

Es kann aber auch folgendes geschehen. Ich habe freilich gesagt: Da kommt Gott in diese Welt – und nichts passiert! Johannes aber behauptet, nun sei doch alles schon geschehen, nun habe die Liebe Gottes uns erreicht! „Er hat uns seinen Geist gegeben!“ Wenn die Rede von „Geist“ ist, der uns „gegeben“ sei, dann wird etwas gemeint, das uns mit Gott verbindet. Ich mache es mir am einfachsten klar an einem Bild, das ich in letzter Zeit mehrfach am Meer gesehen habe: Da ist ein Boot, das ein anderes ins Schlepptau genommen hat. Das Seil, mit dem das unbewegliche Boot ins Schlepptau genommen wird, das Seil, das Er uns umlegt, damit zieht er! Dieses „Seil“ ist der Geist. „Geist“ hat immer etwas mit Übertragung von Bewegung zu tun.

Mir scheint es am einfachsten, das so zu sagen: Da ist jemand gekommen. Anstatt mich zu richten, hat er sich und mich zusammengetan, mich ins Schlepp genommen – statt mich zugrunde zu richten. Es würde mich nicht überraschen, wenn ein ehrlicher Mensch käme und zu mir sagte: „Es wäre mir interessant, wenn du einmal von Sünde redetest“ – und ein anderer: „... wenn du einmal nicht von Sünde redetest.“ Diese merkwürdige Mischung zwischen dem Verlangen nach Klärung und dem Überdruß vor abgedroschenen Vokabeln empfinde ich recht oft. Ich will das Stichwort „Sünde“ nur zu streifen versuchen. Dann wäre dieses zu sagen: Wenn Gott in diese Welt gekommen wäre, dann würde ich zu ihm hingehen. Dabei würde sich herausstellen, daß ich mich viel mehr über diese Welt zu beschweren hätte als etwa ihm über mich selbst irgendwelche Sündenbekenntnisse abzulegen. Was ich da an mir selber schmerzlich empfinde, da ist ja nur Normalzustand des Menschen: daß immer wieder meine Pläne – bitte versteht das nicht billig! – das Bild, das ich mir vorstelle und dem ich gleichen möchte – immer wieder kaputt gehen, darüber empfinde ich freilich Scham, Schmerz. Ich meine das wirklich bis ins Tiefste gehend. Aber auch wer das kennt, daß man abends rot wird über das, was man am Tage getan hat, der weiß damit noch nichts von „Sünde". „Sünde" hat nichts mit dem Scheitern unserer Vollkommenheitsträume zu tun; Sünde macht zunichte, wozu uns Gott hätte brauchen wollen in dieser Welt. Und hier will ich alle weiteren Erklärungen abbrechen.

Vielleicht findet einer sich plötzlich eines Tages da, wo man nicht mehr in der Lage ist, für jede Schuld eine gute Entschuldigung zu finden. Entschuldigungen zu finden ist normal! Bin ich aber bei jenem Punkt, dann habe ich Jesus am meisten zu danken dafür, daß er nicht gekommen ist, mich zu richten; daß er alles dies Unentschuldbare wegträgt, und daß er ganz neu – das wird ungenau –, daß er anfängt, mit mir zu leben, anfängt, mich an sich zu binden.

Durch „Glaube" oder „Geist" – ihr könnt beides sagen. „Jetzt fange ich mit dir an, es lohnt mir noch, dich ins Schlepptau zu nehmen." Ja, wirklich ins Schlepptau! Nicht, daß er über mich hinwegstreicht, so daß ich aus dem alten Menschen ein guter Christ werde und er stellt mich als Prachtstück in ein christliches Museum. Nein, jetzt will er etwas mit mir tun, er setzt uns in Bewegung! Das muß man richtig verstehen. Nicht so, daß hinter uns das trübe Meer zurückbleibt und wir uns zu neuen Gewässern bewegen, sondern wir bewegen uns in den Gewässern unseres täglichen Lebens, unseres Daseins, in allem und allen Dingen des menschlichen Daseins.

Wenn ich noch zehn Jahre jünger wäre, würde ich den Versuch machen, das zu beschreiben. Ich habe da aber inzwischen gelernt, daß es nicht gut ist, alles zu beschreiben; daß sich aber solche Zustände erleben lassen. Ich bin überzeugt davon, daß jeder von uns, der jetzt hier ist, wahrscheinlich schon an ihn „gebunden" ist, mit

Sicherheit aber von ihm ins Schlepptau genommen werden soll! Das ist die Liebe, die kräftig nach uns packt! Bitte nicht immer an Liebe denken, die ergreift und erschüttert und uns weich macht. Er packt zu, daß man es dann merkt und sich freut, daß einer doch auch heute wieder mit mir etwas anfangen will. Diese unsere Freude, diese Art Freude, das ist die „Liebe zu Gott". Und nicht irgendwo ein theologisch aufgeblasenes Gefühl für die Liebe Gottes – darauf könnt ihr pfeifen. Sondern die Freude darüber, daß er bis an diese Schwelle gekommen ist und spricht: „Du sollst sehen, was ich mit dir anfange!"

Nur noch ein Kennzeichen: Das Mit-mir-Anfangen, das geht in ständigem Gespräch vor sich. Das ist das Kapitel, das „Gebet" heißt. Das Beten lernt sich nur dadurch, daß man bereits einfach von Jesus „abgeschleppt" wird.

Nun müßte man, um mit Johannes zu reden, noch begreifen: Die Liebe, die „bindet" uns an – und nun binden wir die anderen auch. Wir tragen, weil wir getragen werden. Mit genaueren Worten muß man vorsichtig sein. Weil wir nämlich gar nichts anderes können, als uns Nächstenliebe wie einen bestimmten Katalog von Taten vorzustellen: Liebevolle Worte, liebevolle Taten. Es gehört zu den Überraschungen, die keinem Christen erspart bleiben, daß es für den Christen kein Programm der Liebe gibt. Liebe kann sogar demselben Menschen gegenüber heute etwas ganz anderes sein als gestern. Weil Liebe nicht gebunden ist an süße Worte oder Weichheit des Verhaltens. Ich kann im Kurs dessen, der mich schleppt, auch einem anderen, weil er mir lieb ist, hart begegnen.

Ich will den Vergleich nicht überlasten, weil wir im „Schlepptau" sind, aber es stimmt. Es gibt nur eines, das uns bedrohen kann: daß wir den Strick wieder loslassen. Und – es ist merkwürdig – gar nicht in böser Absicht, sondern wie in schlaftrunkener Bewegung rudern wir wieder unsere eigenen Wege. Und was passiert dann? Wir merken es ja manchmal gar nicht!

Da würde ich sagen: Dann passiert, daß der, der den Kurs fährt, den Strick wieder festmacht, weil er mich liebt! Solange wir noch leben, auf diesem merkwürdigen Meer fahren, solange umkreist er uns und versucht immerfort, uns ins Schlepptau zu nehmen, uns an sich zu reißen. Und im Grunde hat er uns eben auch alle umkreist. Wir brauchen jetzt eigentlich gar nicht weder über die Vergangenheit noch über die Zukunft nachzudenken, sondern können mit geschlossenen Augen sagen: „Wenn du willst, dann binde mich wieder fest – dir und mir zur Freude und auch denen zur Freude, die du mir begegnen läßt!" – Amen.

14. Sonntag nach Trinitatis

Galater 5, 16–24

Liebe Freunde!
Erlaubt, daß ich eine kurze Vorrede halte. Niemand kann bestreiten – das ist übrigens ein unvorsichtiger Anfang, denn kluge Leute überlegen sich gleich, wie sie das Folgende wieder bestreiten können, aber ich fahre zuversichtlich fort –: Niemand wird bestreiten, daß das Rathaus auf dem Marktplatz steht und deutlich sichtbar wird. Ich habe schon einmal die merkwürdige Geschichte erzählt, wie ein Zeichenversuch eines Lehrers seltsam ausging. Er sagte seinen Schülern: „Zeichnen Sie aus dem Gedächtnis das Rathaus!" Acht brachten ein Gebäude zustande, um das die Stadt zu beneiden wäre; zwanzig zeichneten ein Gebäude, an dem man sah, daß es ein merkwürdiges Gebilde aus zwei Teilen ist – nur war bei diesen zwanzig das Gleichgewicht etwas verschoben; nur vier brachten es fertig, es etwa so hinzuzeichnen, wie es dasteht.

Aber das ist erst der Anfang. Das Auffällige geschieht bei der Diskussion: Die Mehrheit besteht darauf, daß ihre Zeichnung die richtige ist! Und nur durch Augenschein lassen sie sich von ihrem Irrtum überzeugen. Gefährlich wird die Sache, wenn jemand auf seiner falschen Ansicht besteht. Wie will man da jemanden aus seiner halsstarrigen Rechthaberei herausbringen? Hier entschied immerhin der Augenschein. Gefährlich wird es bei einer anderen Sache, die – wie ich nun mit größter Vorsicht behaupten würde – eigentlich jedem von uns in irgendeiner Weise begegnet: Man kann nicht in Deutschland, in Europa leben, ohne auf die christliche Kirche zu stoßen. Nicht nur auf gewisse Baudenkmäler, sondern auch auf die geistige Größe.

Es wäre nun zu fragen, ob das Bild, das sich für jeden einzelnen ergibt auf die Frage, was denn nun christlicher Glaube sei, ob das bessere Aussicht auf Richtigkeit habe als jene Gedächtniszeichnung. Es ist nicht heraus, ob wir bessere „Umrisse" zeichnen würden als jene Leute, die die christliche Kirche von außen ablehnend betrachten. Ich will mir ersparen, Vermutungen darüber anzustellen, welche Karikaturen wir zustande brächten, wenn wir darstellen sollten: Was ist christlicher Glaube? In einem bestimmten Abschnitt meines Lebens hätte ich christlichen Glauben vielleicht so dargestellt: Ein kleines Männchen, darüber eine große Hand, daran eine Klingelschnur – das Männchen wandert ruhig seinen Weg, bis der Löwe kommt, dann zieht es an dem Bändchen, die Hand kommt, und es kann nichts mehr passieren. Man könnte es auch so darstellen: Unten läuft der Kleine, oben ist die große Hand, diesmal mit einem Wegweiser. Der Kleine äugt mißtrauisch nach oben, denn die Hand zeigt ihm den Weg in die Einöde, die schmackhaften Dinge liegen auf der anderen Seite. Und der Kleine zieht mißmutig den Kopf ein. Das ist gar nicht lächerlich gemeint! Übrigens machen wir uns solche Zeichnungen vom christlichen Glauben nicht. Wenn wir etwas auf das Löschblatt malen, dann handelt es sich um etwas ganz anderes. Wir stellen unsere Vorstellung vom Glauben aber doch durch die Praxis unseres Lebens dar, ohne das selbst recht wahrzunehmen.

Die Frage bleibt: Ist das, was ich „darstelle", christlicher Glaube? Oder ist das Einbildung? Deckt sich das mit dem, was ich eigentlich sein sollte? Dazu kommen wir ja immer wieder hier zusammen, damit wir unser Bild vergleichen können mit dem erprobten Bild, das uns überliefert ist. Und so laßt uns ein Prüfungsbild hören und vergleichen. Es steht im Apostelbrief des Paulus, Galaterbrief im 5. Kaptiel.

Ich würde – grundsätzlich – sagen, daß Paulus ein unverdächtiger Zeuge ist. Paulus hat nicht in irgendeinem geheizten Zimmer gesessen und sich Gedanken gemacht, ob es so und so aussähe, wenn man Christ ist. Primitiv ausgedrückt: Es ist eines Tages einer erschienen, auf den er aufgerannt ist! Und jener hat ihn mitgenommen. Und das ist für ihn „Glaube"; einen Gefährten finden, mitgenommen werden! Er schreibt aus der Erfahrung eines Mannes, der mit solchem Weggefährten gelebt hat; und dem dieser Weggefährte und das Zusammensein mit ihm wichtiger geworden ist als alles. Das beschreibt er mit dem, was er hier sagt. Hier taucht zweimal das Wort „Gesetz" auf. Vor dem wird gewarnt. Laßt alle Regeln beiseite! Jetzt kommt der „Glaube" – das ist die Verbindung, mit der er an seinem Gefährten festhängt.

Wenn ihr bei dem seid und euch der bei der Hand, bei der Schulter hält, dann ist alles richtig. Laßt bloß die Grundsätze, die Regeln!

Sie sind ja nicht schlecht, aber ihr verliert leicht Ihn aus den Augen, der euch führen will. Er bringt Leben, Gehen, Wandeln in euer Leben hinein. Nun sehen wir zu, was Paulus hier sagt.

Zunächst einmal heißt es: „Wandelt im Geist ...". Dann kommt ein Katalog von den Wegen des Fleisches: Falschheit, Saufen, Fressen. Dann kommt wieder ein kleiner Katalog von dem Geist: Liebe, Freude, Friede, Geduld. Da kann einer sagen: „Das habe ich ja immer gesagt! Gewisse fleischliche Regungen niederdrücken, damit man einem Idealbild des Menschen näher kommt!" Aber da ist Paulus falsch verstanden! Einem Idealbild des Menschen näherzukommen – es ist nicht zu überhören, daß Paulus davon nie geredet hat. Da steht eine ganz andere Vokabel: Reich Gottes! Nicht: Ideal des Menschen!

Das, worauf es hinaus will, wohin ich hinein soll, wohin ich hinein darf: Reich Gottes. Es mag sein, daß wir alle in unseren Vorstellungen zu sehr gelernt haben, uns Reich Gottes als etwas ganz am Ende, völlig anders als diese Welt, vorzustellen. Laßt mich deshalb eine Vermutung anstellen: Ich glaube Paulus und das ganze Neue Testament so verstanden zu haben, daß sie meinen, daß das Reich Gottes immer zugleich etwas ist, auf das wir zugehen und das wir hier schon haben. „Wer da hat, dem wird gegeben." Das Reich Gottes ist hier schon zu haben und doch endlich einmal ganz zu gewinnen. Darauf kommt es an! Wie sieht es aus, wenn einer hier schon in Gottes Reich hineingeraten ist? Paulus sagt an anderer Stelle, daß es da einen Frieden gibt, der höher ist als alle Vernunft. Es soll Frieden in uns zustandekommen!

Wir dachten: Frieden finden wir, wenn wir bestimmte Ziele erreichen oder dergleichen. Es hat sich aber nichts von dem, was wir wollen, verwirklicht; sondern wir haben nun Gemeinschaft mit einem, der uns lieb hat. Da haben wir Frieden. Manchmal ahnt man das, auch unter den unerträglichsten äußeren Umständen. Das hat Paulus oft ausgesprochen. Deshalb schreibt er sogar aus dem Kerker: „Freuet euch mit dem Herrn allewege und abermals sage ich euch: freuet euch!" So kann nur einer reden, der immer noch hier und doch schon in das Reich hineingekommen ist. Das sind einfach zwei Ebenen. Paulus redet von dem Reich, in dem wir schon sind und in das wir eingelassen werden sollen.

Und nun das Zweite. Wir glauben zunächst hier im Text wiederzufinden, daß der Mensch gewisse göttliche Regungen fördern solle. Damit hat aber das, was Paulus hier sagt, gar nichts zu tun. Die niederen Triebe – die göttlichen geistigen Regungen – ich glaube, daß das gar nichts mit Paulus zu tun hat.

Ich will versuchen, das zu erläutern. Wenn wir von niederen Trieben und göttlichen Regungen sprechen, dann machen wir – grob gesagt – eine Operation. Wir zerschneiden den Menschen, wir halbieren ihn. Das hat mit dem, was Paulus sagt, gar nichts zu tun. Ich will von diesem Halbieren möglichst ohne Ironie sprechen, denn mit dieser „Auftrennung" des Menschen hängen die erschütterndsten und großartigsten geistigen Auseinandersetzungen zusammen. Aber Paulus ist eben kein Plato. Was bei ihm „im Fleische wandeln" heißt, betrifft nicht die eine Hälfte – und „im Geiste" nicht die andere; beide Male ist es der ganze Mensch. Wie gerne ließen wir diesen langen und höchst unangenehmen Katalog des „Fleisches" fort. Aber was steht da mittendrin? Abgötterei, Zauberei, Hader, Neid. Das ist aber gar nicht die Sache des Bauches. Zorn, Zank, Haß – das sind alles rein geistige Erscheinungen! Fleisch – das bezeichnet also den ganzen Menschen, der, nun will ich gleich versuchen, einen Schritt weiter zu gehen, in einer bestimmten Strömung treibt. Für Paulus gibt es nur den ganzen Menschen. Einmal treibt er „in Richtung Fleisch". Er kann sich allenfalls mal umdrehen wie ein Baumstamm im Wasser, aber er treibt weiter, kann nichts daran tun. Und merkwürdigerweise ist auch das, was Paulus „Wandeln im Geiste" heißt, so zu verstehen, daß jemand in eine Strömung hineingerät. Übersetzen wir „Geist" ruhig mit „Strömung", mit „Wind", der die Segel aufbläht, mit dem man auch gegen einen Strom fahren kann.

Im Gegensatz zu allem, was wir sonst von diesem „Kampf" zu sagen pflegen, redet dieser Mann, dieser Paulus, von einer neuen Möglichkeit. Da ist ein starker Sturmwind, und du kannst nun, was du bei Windstille nie konntest, die Segel hochziehen. Sich vorwärts bringen lassen – das ist Leben im Geist, im Reich, im Frieden. Das ist etwas anderes, als in seinem „Treiben" sich irgendwelche neue, gute Prinzipien setzen! Dieser Wind bringt den voran, der ihn einfängt, der sich davon mitnehmen läßt. Dieser Vers, der scheinbar so großes Bemühen der Menschen beschreibt, klingt eigentlich viel erfreulicher, wenn man diesen Sinn aus ihm herausholt.

Wir Menschen meinen das immer als krassen Gegensatz und als Aufruf zum Kampf: Fleisch – Geist. Was aber Paulus sagt, das dürfte – richtig wiedergegeben – heißen: „Wandelt im Geist“ – laßt euch doch mitnehmen, dann seid ihr eurer „Strömung“ nicht mehr allein ausgeliefert! Zwar gibt es wie eh und je in unserem Leben Widerstand; aber zum eigenen Erstaunen geschieht es oft, daß ihr merkt, wie ihr dank dieser neuen Kraft nicht mehr tut, was ihr eigentlich nach eurem Naturell, Temperament tätet, sondern ihr erlebt das Wunder, daß ihr aus dem, was ihr eigentlich wollt, immer wieder herausgetragen werdet. Und dort, wo wir herausgetragen werden, haben wir uns mitnehmen lassen, gegen den Strom einmal ab und zu die Segel aufblähen lassen. Der Wind ist immer schon da, aber wir ziehen immer wieder die Segel ein! Wenn wir nur wissen, daß uns der Wind, der Sturmwind Gottes – auch heute noch nicht verlassen hat! Vorwärtskommen, wenn auch ständig gegen den Strom! Das sagt uns Paulus.

Dabei bleibt es eine ganz mühsame, eine enttäuschende, demütigende Sache, Christ zu sein. Wer sein Segelchen zusammenzieht, der spart sich viel Demütigungen. Er kennt keine andere Richtung als die, in der wir alle normalerweise treiben. Es wäre wirklich ein Fortschritt, wenn wir an dem Zuge des Geistes wenigstens gewahr würden, wie stark die „Strömung“ in uns anders geht. Schon das zu wissen, wäre ein Fortschritt; und ich glaube, es geht noch einen Schritt weiter. Es gibt gar nicht nur die klägliche Einsicht, daß ich könnte und sollte und doch nicht tue und kann. Gibt es nicht auch das andere, daß ich meine Freude an dem, was mir früher als Ziel vorschwebte, verliere, daß dafür eine andere Art Freude wächst?

Laßt mich ein Beispiel nennen. Ich erinnere mich einer Diskussion. Und da gelingt es einem, einige Argumente blitzschnell hinzuwerfen, und man sagt oder denkt bei sich: „Nicht wahr, ich kann das!“ Vielleicht ist es ein ungeheurer Fortschritt, nach Hause zu gehen und sich beschämt zu sagen: „Wie konnte ich das bloß tun, so lieblos verfahren!“ – und man schämt sich schrecklich wegen etwas, was man früher für einen glatten Erfolg gehalten hätte. Künftig freut man sich vielleicht, wenn unsereiner ein wirkungsvolles Wort einmal unterlassen hat!

Aber ich will es uns ersparen, nach besseren Beispielen oder Regeln zu suchen. Denn ein Stichwort habe ich schon genannt. Warum redet Paulus so leidenschaftlich davon: Das mit dem Gesetz – aus! Jetzt gilt „Glaube“, der in der Liebe tätig ist. Aus uns wird durch Gottes Hilfe auf einmal einer, der andere auch liebhaben kann! Denn das war ja alles Trennung vom anderen, was man früher tat.

Warum redet Paulus so gegen das Gesetz? Solange mir etwas befohlen und geboten wird, solange kann ich niemals vor Jesus hintreten und sagen: „Das tue ich jetzt dir zuliebe!“ Das ist das rechte Verhältnis: Geliebtwerden und dankbar sein und sich freuen, einfach sich freuen! Der Gang ist der: Da kommt einer und nimmt uns mit, verliert auch nicht Zeit mit einer langen Diagnose über die Verlorenheit des Menschen. Das sind Zusätze, die uns nur die Zeit nehmen, auf die wichtigste Sache zu hören. Er spricht: „Heute helfe ich dir, daß du lebendig wirst; ich freue mich, daß es dich gibt, und daß ich dich noch gefunden habe.“ Und da fängt unsereiner vielleicht an und freut sich auch. Und was einer dann tut, das sind keine „Werke“ mehr, das wächst einfach. Man freut sich, und man merkt es gar nicht mehr, was einem eigentlich jetzt alles gelingt; man merkt es aber recht deutlich, sobald man wieder losgelassen hat. Es ist natürlich kläglich, ein Christ zu sein, weil man das immer wieder merkt, aber zugleich auch wunderbar, weil unser Helfer jeden Tag zu uns sagt: „Ich habe schon gewußt, wie schwer es ist, aber komm! Wir fangen heute auch wieder an! Komm!“ Das hat er uns auch heute wieder zu sagen. – Amen.

15. Sonntag nach Trinitatis

Galater 5, 25 bis 6, 10

Liebe Freunde!
Dieser Text ist so voller großartiger Hinweise, daß man eigentlich sagen könnte: Ein Scheibchen davon hätte schon genügt! Etwa das bekannte Wort: „Einer trage des anderen Last, so werdet ihr das Gesetz Christi erfüllen!“ Ein Spruch, der oft als Trauspruch gewünscht wird, so als ahnten die Brautleute schon, daß man sich, je näher man einander steht, auch um so lästiger werden kann. Vielleicht auch der Hinweis, sich nichts einzubilden: „Wenn sich jemand läßt dünken, er sei etwas, und ist doch nichts, der betrügt sich selbst“, oder: „Irret euch nicht, Gott läßt sich nicht spotten!“ Hier könnte man ordentlich ausholen. Es bleibt auch die Möglichkeit, schon allein mit dem Schlußvers die Zeit zu füllen: „Laßt uns Gutes tun und nicht müde werden! Laßt uns Gutes tun an jedermann, allermeist aber an des Glaubens Genossen!“ Da haben wir also gewissermaßen ein ganzes Schaufenster voller wunderbarer Wahrheiten. Nicht eine einzige dieser Mahnungen ist besonders neu und verblüffend. Einige sind so schön, daß es direkt schade ist, wenn sie nur in der Kirche ausgesprochen werden.
Aber in der Kirche werden diese Mahnungen schon recht lange ausgesprochen, und es bleibt alles beim alten. Von der Welt wollen wir gar nicht erst reden, aber es ist doch eigentlich ein Jammer, daß auch in der Kirche immer wieder alles beim alten bleibt. Wir haben wunderbare Gedanken über Nächstenliebe und Gutes-Tun, aber es wird nicht so richtig etwas daraus. Für die Kirche gilt immer noch die merkwürdige Feststellung, die ein scharfzüngiger und scharfsinniger Professor der alten Sprache niedergelegt hat in dem reizenden Buch „Dienstanweisung für einen Unterteufel“. Dieses Buch läßt uns einen Unterteufel bei seiner Aufgabe verfolgen, einen Menschen dem Vater in der Tiefe – also dem Oberteufel – zuzuführen. Dieser Unterteufel holt sich immer wieder Rat bei dem Staatssekretär in der Hölle, seinem Onkel, um von dem zu erfahren, was er jeweils zu tun habe, um seine Klienten reif für die Hölle zu machen. Eines Tages schreibt er einen Alarmbrief: Hilfe,

Hilfe, was soll ich tun, mein Klient ist in die Kirche eingetreten! Aber der Staatssekretär der Hölle schreibt ihm beruhigend: Lieber Freund, jetzt haben wir ihn beinahe sicher! Solange er mit einem gewissen Abstand nur von Gott und frommen Ideen geredet und gehört hat, war das für uns Teufel viel gefährlicher. Aber wenn er jetzt in der Kirche sitzt, muß notwendigerweise aller Glanz dieser hohen und mächtigen Reden und Zusagen Gottes verblassen. Denn er sieht ja nicht, was die Teufel sehen, daß da die offene Tür zu dem Reich Gottes ist, sondern er sieht nur einen mittelprächtig gepflegten Bau meist älteren Datums. Und die Leute, die neben ihm sitzen, die kennt er aus seinem Alltag. Er weiß, wie sie eifern und wie sie geifern; er weiß, wie sie geizen und wie sie sammeln; er weiß, wie lieblos sie sind, und er kann sich nur sagen: Wenn die Gemeinde Gottes so aussieht, dann kann an Gott nicht viel sein!

Das ist zweifellos eine scharfsinnige und richtige Feststellung. Ich weiß nicht, ob das bei uns auch so ist, aber es wäre nicht unnatürlich. Wir kennen einander ja auch ein wenig in unseren Schwächen, in unseren Vorurteilen, in unseren Engstirnigkeiten. Und wir könnten, wenn wir wirklich nachdächten, ja auch nur sagen: Was kann an Gott sein, der mit solchen Leuten, wie wir sie sind, anfangen will, sein Reich zu bauen! Da hat er doch wahrscheinlich die falschen Leute beisammen. Es kann also an Gott und seinen Plänen nicht viel sein!

Ein kleiner Trost bleibt uns: Es muß bei den Christen schon von Anfang an so gewesen sein, sonst hätte nicht Paulus die Leute, denen er hier schreibt, schon in so frühen Zeiten darauf aufmerksam machen müssen, daß das Schwierigste am Christenstand nicht darin liegt, sich tiefsinnige Gedanken über irgendwelche Glaubensregeln und Lehren zu machen, sondern darin, die Leute zu ertragen, die mit uns zusammen berufen sind. Einander zu ertragen, sich nicht über einander zu entrüsten – dazu will er nämlich helfen.

Laß dich nicht dünken, du seiest etwas; ein jeglicher prüfe sein eigen Werk! Damit wenden sich unsere Blicke, die sonst so kritisch sind und kritisch sein müssen in dieser Welt, in der man Vorsicht braucht, auf uns selber: Was sind wir selber, was bin ich für ein Mensch?

Bin ich ein Mensch, der „auf sein Fleisch sät“ – was mag das eigentlich sein? Säen ist eine Arbeit, von der ich leben will. Auf sein Fleisch säen, das heißt wohl, sich selber so zurechtmachen, daß man sagen kann: Vor Gott und Menschen und vor mir kann ich nun wohl bestehen! Da wird gesagt: Das verwest! Wer aber auf „den Geist sät" – das mag doch wohl heißen: Wer sich von Gott selber zu einem neuen Menschen machen läßt! –, der wird lebendig und bleibt lebendig!

Das klingt zunächst einmal noch sehr geheimnisvoll. Aber Paulus läßt das gar nicht so geheimnisvoll bleiben. Er weiß sehr genau, daß du und ich eigentlich auch Leute sind, die nur den kritischen Blick beherrschen, die Schärfe beherrschen, mit der man die Fehler des anderen an das Tageslicht zieht. Paulus beschreibt, was aus dir und mir höchst unerwarteterweise werden soll: Ein Mensch, der tragen kann, so wie er selber jetzt von Gott getragen wird.

„Entrüstet euch nicht, wenn einer von einem Fehl übereilt wird; helft ihm wieder zurecht! Trage des anderen Last; bückt euch und tragt!" Tragen – das muß man genauer sagen – heißt nicht einfach: Laßt euch alles bieten! Sondern das heißt: Faßt zu, hebt und tragt! Denn auch die Gnade Gottes besteht nicht darin, daß er sich alles bieten läßt, sondern daß er unser Herz erschüttert und wieder zugreift und uns zu sich zieht und uns auf andere Wege trägt. So ist das hier beschrieben. Und wo Menschen es nicht lernen, andere ebenso zu tragen, da wird Gott verspottet; da wird es eine bloße Redensart, daß wir ein Mensch Gottes seien. Daß ich als Christ zu tragen bekomme, ist also alles andere als unerwartet. Daß der andere mir ebenso lästig ist wie ich ihm, ist keine Neuigkeit. Schon eine Ermahnung dazu, miteinander ein bißchen geduldiger umzugehen, wäre wichtig; nicht gleich aus der Haut zu fahren, wenn einem der andere etwas antut! Aber das kann man ja schließlich schon in der HB-Reklame gesagt bekommen: Warum denn gleich aus der Haut fahren!? Dazu brauchen wir nicht Paulus; da reicht also ein kleiner Reklamefilm.

Es ist aber mit der Last, die wir tragen sollen – wie mir scheint – noch etwas anderes gemeint. Es geht nicht bloß darum, daß der andere mir lästig ist und ich ihm. Ich meine, hier steckt etwas dahinter von dem, was das unmoderne schreckliche Wort „Sünde" meint. Das Wort kommt uns schrecklich vor, weil wir uns darunter nichts denken können. Für Paulus ist Sünde schrecklich, weil das bedeutet: Die Hand Gottes wegstoßen und sein eigenes Leben und das anderer Menschen zerstören.

Wo du siehst, daß der andere sich verläuft und schuldig wird, da renne du hin und fasse du zu! Brülle ihn nicht an, sondern trage du seine Schuld vor Gott hin und bitte, daß er auch wieder angenommen werde. Weniger kann das hier nicht heißen, als daß wir füreinander eintreten sollen – einer für den anderen, auf daß keiner von uns verworfen werde um des willen, was er tut. „Einer trage des anderen Last!"

Und nun sind wir schon bei dem Letzten: „So werdet ihr das Gesetz Christi erfüllen!" Alles das, und wenn ich es wesentlich schöner und wirksamer hätte sagen können, wäre nichts, wenn wir uns jetzt vertäten in dem, was mit dem Wort „Gesetz Christi" gemeint ist. Damit, glaube ich, ist ganz bestimmt nicht so etwas gemeint, wie das Gesetz, von dem Paulus vorher geredet hat und in dem es nur immer heißt: Du sollst, du sollst, du sollst! Und wenn nicht, dann bist du schuldig!

Gesetz Christi – das ist nicht eine Regel, die er uns hinterläßt, ein Hinweis, den er uns gibt. Solche Gesetze gibt es und solche Wegweiser gibt es, die in irgendeine Richtung deuten. Aber es gibt auch das Gesetz, daß, wenn die Sonne aufgegangen ist, die Blumen aufgehen, daß, wo die Sonne scheint, es wärmer wird, und nun alles, was unter der Erde schlief, keimt und wächst. Das ist gemeint mit dem Gesetz Christi! Du bist schon unter seiner Sonne, und es wäre Frevel, wenn du jetzt Dunkelheiten dir über den Kopf ziehen wolltest, nur um nicht herauszuwachsen aus deiner Enge. Das Wort vom „Gesetz Christi" sagt uns, daß er gekommen ist, sogar zu unsereinem, und daß nach seinem Willen nun jeden Morgen wieder ein Mensch wächst zur Freude Gottes, der den anderen zu tragen vermag.

Das ist das wunderbare Gesetz Christi: Wir, die wir dürr und welk und dornig sind und immer wieder welken und dornig werden, sind hier mit einem zusammengekommen, dessen Atem Tote lebendig macht und Lieblose erwärmt, daß sie lieben können. So ist das Ganze eine einzige wunderbare Zusage: Denke dir, auch aus dir und mir will er heute wieder einen Menschen machen, der es fertig bringt, den anderen mit seiner Schuld zu tragen. Ihn nicht nur zu ertragen, sondern für ihn vor Gott einzutreten. Und der es

fertig bringt, zu lieben wie er von Jesus geliebt wird. Das ist sein guter gnädiger Wille, daß wir solche Menschen werden, die so tragen und lieben können, wie er uns trägt und liebt.
Und das Allerletzte: Luther hat einmal gesagt: Die Liebe, die hier beschrieben wird, braucht ein breites Kreuz und starke Knochen! Starke Knochen zu haben kann man sich nicht anbefehlen. Ich kann nicht plötzlich zu meinem Bein sagen: Werde stark! und zu meinem Rücken: Werde breit! Aber es könnte ja jemand kommen, der Lahme gehend macht und uns schmalrückige Menschen, die wir gar nichts ertragen können, zu Leuten macht, die in die Breite und in die Höhe wachsen und tragen können. Das ist es, was er sich vorgenommen hat und uns heute wieder sagt. Wohl unseren Häusern, wenn wir als solche Menschen dorthin zurückkehren. – Amen.

Tag des Erzengels Michael – 16. Sonntag nach Trinitatis

Offenbarung 12, 7–12

Liebe Freunde!
Vielleicht geht es euch genau so wie mir, daß man diese Worte von den Engeln und dem Drachen kühl und verwundert anhört, bei den letzten Worten aber zusammenfährt: „Weh denen, die auf Erden wohnen!"
Weh denen, die auf Erden wohnen! Wir hatten gehofft – wir, damit meine ich uns, die wir etwas bei Jahren sind –, daß in dem letzten Wahnsinnsausbruch, der diese Welt erschütterte, die Kräfte des Bösen sich erschöpft hätten. Wir hatten gehofft, daß das Entsetzen über ein solches Übermaß an Schrecken und Bosheit so viel gute Kräfte in uns allen entfesseln würde, daß es uns nun endlich gelingen würde, diese Welt vernünftig zu machen; zu einem Wohnplatz und nicht zu einem Kampfplatz; zu einem Ort des Lebens und nicht zu einem Ort des Untergangs. Und wenn man uns etwa 1948/49 gefragt hätte, als wir an uns allen, in unserem ganzen Volk und in den anderen Völkern so viele Zeichen des guten Willens sahen: „Was meinst du? Im Jahre 1974 wird man im Fernsehen die ganze Welt in all ihren Winkeln übersehen, was meinst du, wird man dann sehen?" Da hätten wir gesagt: „Dann werden wir helle und wunderschöne Städte sehen und blühende Kinder und üppige Felder und alles das, was Menschengeist erschaffen kann, wenn er nicht Werkzeuge der Vernichtung schafft!"
Ihr könnt selbst beurteilen, ob das, was wir sehen, diesem Bilde entspricht, oder ob wir nicht vielmehr das Gefühl haben müssen, wir sähen eine Welt, die von einer unheimlichen Krankheit befallen scheint. Da brennt es und dort fließt Blut und dort erwürgt einer den andern. Und das Bild wird immer entsetzlicher und verworrener. „Wehe denen, die auf Erden wohnen!"
Es ist, um den Glauben an Gott zu verlieren, sagt mancher, und ich kann das verstehen. Denn nicht verstehen könnte ich, wenn jemand derartiges sieht und dann sagt: Das sind Beweise der Nähe Gottes und der Güte Gottes! Haß und Gewalttaten überfluten Land um

Land. Was wird nun werden? Wir bauen zwar noch weiter, aber mit sinkender Zuversicht. Wir hoffen zwar noch weiter, aber unsere Hoffnung ist matt geworden. Und wir möchten die Frage, was aus dieser Welt noch werden wird, lieber nicht gestellt bekommen. Hat das, was hier im Text steht, von Michael und seinen Engeln, die den Drachen besiegen, und von dem Siegeslied im Himmel, hat das unter solchen Umständen noch irgendwelche Aussicht, ernstgenommen zu werden? Wir singen doch keine Siegeslieder!

Der Text, den wir hörten, hat seine Geschichte und hat seine Zeit. Keine Sorge, ich will nicht die Ausflucht wählen, ausführlicher über die Geschichte dieses Textes zu reden, obwohl das immerhin eine Möglichkeit wäre, an dem vorbeizureden, was hier gesagt ist. Nur so viel: Er gehört in das Buch, das man die Offenbarung des Johannes nennt. Johannes, der letzte überlebende Apostel, er hat die Willkür und die Feindschaft des damaligen Reiches und des herrschenden Systems am eigenen Leibe erfahren. Wenn er überhaupt nachdenkt, muß ihm sicher sein, daß die präzise Maschine des römischen Reiches die kümmerlichen christlichen Gemeinden, die sich da und dort gebildet haben, zermahlen und unterpflügen wird. Ein solcher Mann hat allen Grund zu verzweifeln. Denn klangen nicht die Worte Gottes im Munde Jesu so, daß man meinen mußte, Gott werde sich in dieser Welt nun endgültig mächtig erweisen, nicht nur an einzelnen, sondern an der ganzen Welt?

Dieser Mann Johannes ist ein wehrloser und verzweifelter Gefangener auf der Strafinsel Patmos. Wir erfahren das am Anfang dieses Buches. Aber er wird seiner Verzweiflung entrissen und er weiß selbst nicht, wie das geschieht. Über ihn kommt an einem seiner einsamen Sonntage „der Geist". Er hört hinter sich eine Stimme und „wendet sich um". Das ist eine andere Wendung als man sie auf den Fersen macht. Und „hinter sich" sieht er mit den Zeichen der Herrschaft Jesus Christus, den Herrn.

Was ihn seiner Verzweiflung entrissen hat, das gibt er in diesem merkwürdigen Buch seinen Gemeinden weiter. Er tut das in einer Form, die vielleicht sogar stellenweise absichtlich darauf abgestellt ist, irgendeinen Gegner der Gemeinden, der dieses Buch in die Hände nimmt, davon abzubringen, das, was hier gesagt wird, allzu ernst zu nehmen. Vielleicht sind auch die Worte unseres heutigen Textes, die vom Siege Gottes in diesen ganz alten Bildern reden, nicht ohne Absicht in diese Bildersprache geprägt worden, damit ein Zensor, der diese Schriften auf Staatsgefährliches durchforschen möchte, allenfalls lachend sagen könnte: Das sind ja nur komische und wirre Phantasien, da kann man ja nur mit dem Kopf schütteln! Es ist nicht verwunderlich, wenn auch wir erst einmal kopfschüttelnd sagen: Das sind ja merkwürdige Phantasien von Michael und seinen Engeln und dem Drachen und dem Himmel.

Wenn man genauer hinschaut, dann könnte freilich einiges wenige – und allzuviel ist auch mir nicht sichtbar geworden – einem aus diesem Text doch sichtbar werden. Das eine: Die Antwort auf die Frage: was wird nun? zeigt sich nicht auf der Erde, sie zeigt sich „am Himmel". Dort oben stehen die „Zeichen", die Zeichen dessen, was unaufhaltsam geschehen wird. Denn nicht die Erde bewegt den Himmel, sondern der Himmel bewegt die Erde. Unter den Gestirnen kreist auch sie ihre vorgeschriebene Bahn. Wohin diese Bahn führt, das wird nicht auf Erden festgesetzt; „oben" stehen die Zeichen.

Und „Zeichen" wird am Anfang des Kapitels alles genannt, was hier in den Umrissen dieser alten Bilder gemalt ist. Wir täten sicherlich nicht recht, wenn wir schon die Bilder für die Sache nehmen und jetzt versuchen wollten, mit Phantasie uns diese Gestalten von Engeln und Drachen farbenreich auszumalen. Was sie bedeuten, wofür sie als „Zeichen" stehen, darauf kommt es an. Zweimal werden wir darauf aufmerksam gemacht, daß sie „Zeichen" sind. Ihre Deutung zu suchen ist die Aufgabe, die uns bleibt. Was zeigen sie an?

Es sind Zeichen des Kampfes. Das Heil Gottes verwirklicht sich nicht derart, daß alles Ringen und Kämpfen ein Ende hat, sondern daß ein entscheidendes Ringen und Kämpfen nun erst beginnt. Und doch hat er, der zum Leben ruft – sein Zeichen wird keiner auslöschen –, keinen ernsthaften Gegner. Denn so schrecklich das Bild des Drachen auch gemalt ist, er dürfte nicht im Ernst es wagen, sich wirklich einen ebenbürtigen Gegner Gottes zu nennen, einen Gegenspieler, der Gott gewachsen wäre. Schon ein Diener Gottes reicht hin, ihn von der Schwelle zu vertreiben, an die er nun nicht mehr gehört. Schon ein Diener genügt. Gott hat keinen Gegner, dem er selbst entgegentreten müßte. Der, den Michael vertreibt, vermag es gar nicht, Gott im Wege zu stehen. Aber er ist einer, der den Menschen im Wege steht, der ihnen die Wege verwirrt, daß sie die Zeichen nicht erkennen, die Stimme nicht hören, und den Weg nicht finden.

Der wird aus dem Wege gewiesen. Er heißt „die Schlange", flüstert die nicht immer: „Sollte Gott gesagt haben?" – der „Verwirrer": „Wenn es einen Gott gibt, ist er dann nicht an allem alleine schuld?" – der „Verkläger": „Gerade du solltest noch wagen, Gott um Gnade für dein Leben zu bitten, der du doch anderer Leben so bitterlich versehrt hast?" Der Verwirrer, der Verkläger wird weggestoßen. Der Weg wird frei gemacht; der Weg für uns Menschen hin zu dem, der über uns das Zeichen gesetzt hat, daß wir leben sollen.

Und dieses Zeichen des Lebens erscheint im Hintergrund in dem großen Siegeslied: „Und ich hörte eine große Stimme, die sprach im Himmel: Nun ist das Heil und die Kraft und das Reich unsers Gottes geworden und die Macht seines Christus, weil der Verkläger unserer Brüder verworfen ist, der sie verklagte Tag und Nacht vor unserm Gott." Der Verkläger wird verstoßen; er, der mit Recht gegen alles, was die Liebe Gottes uns nur zuwenden wollte, sagen konnte: Die, die sich Menschen nennen und unmenschlich sind, sind es nicht wert! Und er sprach damit nur die Wahrheit. Aber der Verkläger wird weggestoßen. Gott selber macht die Anklage zunichte. Die Anklage, die so volles Recht in jeder Stunde unseres Lebens findet bis auf den heutigen Tag.

Der Ankläger muß verstummen „um Christi willen". Die Menschen haben ihren Verkläger nicht überwunden, aber „sie haben überwunden durch des Lammes Blut und durch das Wort ihres Zeugnisses". In diesen Worten erscheint das geheimnisvolle Siegeszeichen Gottes und es steht mitten auf dem blutgetränkten Boden dieser Erde: das Kreuz! Und an diesem Kreuz, das in der Erde steckt und nicht mehr ausgerissen werden kann, hält nun Gott diese Welt fest. Und Menschen, die den Tod Jesu als Geschenk der Liebe Gottes an sie annehmen, und die seine Worte, die Worte Jesu, in ihrem Herzen festhalten, deren Leben wird zum Zeugnis seiner Kraft.

Wer so Gott eigen wird, wem sein Herr und die Zusage Gottes lieber werden als sein eigenes Leben, der ist auf dem Wege, den keiner mehr sperren kann. Jeder andere Kampf gegen den Drachen, gegen den Verkläger, gegen den, der verführt und dann anklagend auf den Verführten zeigt, der uns gegeneinander aufbringt, der uns an uns selber verzweifeln läßt, jeder andere Kampf gegen den großen Verwirrer ist sinnlos. Zwischen dir und Jesus knüpft Gott das Band, an dem er nicht nur dich, sondern die ganze Welt über dem Abgrund hält. Und in all ihrer Not und Verwirrung wird sie nicht fallen, solange du und ich dieses Band zwischen ihm und uns festhalten.

Wir sollten durch unseren Text heute nicht über himmlische Mächte belehrt werden. Uns sollte durch diese Worte heute wieder kostbar und wert gemacht werden, daß wir uns an der Zusage Jesu festhalten können, auch wir Schuldigen. Er hat unseren Verkläger beiseite gestoßen. Er will auch unser Leben zum Zeugnis seiner Kraft und seiner Liebe machen. Und wenn gleich alle Teufel hier wollten widerstehen, er hat den Weg frei gemacht, nur wir selber könnten uns von seiner Liebe abwenden. Davor möge er uns behüten. – Amen.

Erntedanktag - 17. Sonntag nach Trinitatis

2. Korinther 9, 6–11

Liebe Freunde!
Ich brauche kaum besonders zu betonen, daß wir heutezutage leicht vergessen können, daß Erntedankfest ist. Früher mag das anders gewesen sein. Aber jene Zeiten liegen schon sehr weit zurück. Da war der Herbst, an dem die Felder abgeerntet wurden und die Scheunen sich füllten und sich auch die Geldbeutel endlich wieder füllten, die große Zeit, in der jeder teilhatte an dem Segen eines Jahres, oder mit Bangen auf die nur halb gefüllten Scheunen sah.
So ist das heute nicht mehr. Jedermann weiß: Ob die Scheunen nun voll sind oder nicht, unser Brotschrank wird davon nicht voller oder leerer. Und ganz kluge Leute rechnen uns sogar vor, daß eine Rekordernte an Getreide gewisse merkwürdige wirtschaftliche Schwierigkeiten schafft, nämlich den Preis so zu balancieren, daß der, der sich auf dem Felde gemüht hat, auch wirklich seinen Lohn davon hat, wie ihn vergleichbare Arbeit in der Industrie bringt.
Erntezeit interessiert heute kaum mehr jeden, auch wenn er mitleidig sagt, ach, haben die Leute das schwer, die letzten Kartoffeln herauszubekommen! Wir haben zumeist Berufe, die nicht auf dem Acker und nicht nur im Herbst ernten. Auch in diesen Berufen wird – wenn man so will – gesät und geerntet; wenn auch nicht mit der Sämaschine und dem Mähdrescher. Aber es wird doch Kraft und Mühe eingesetzt, riskiert und gewagt und dann „geerntet“. Erntesegen wächst nicht nur im Herbst, wächst nicht nur auf dem Acker.
Das sind alles Dinge, die jeder von euch weiß und die zu erfahren man nicht in die Kirche zu gehen braucht. Vielleicht habe ich aber eben schon ein bißchen zu hoch geredet. Ich habe gesagt: Erntesegen wächst nicht nur auf dem Acker! Darf man denn überhaupt das, was wir verdienen, einen „Erntesegen“ nennen? Handelt es sich nicht einfach um eine säuberliche Rechnung: Arbeit – und Lohn; Risiko – und Ertrag; Fleiß – und Fülle? Es läge jetzt nahe, den Nachweis zu versuchen, daß auch dort, wo wir arbeiten und uns um Lebensunterhalt mühen – nicht nur auf dem Felde mühen –

immer doch ein Punkt liegt, an dem es nicht nur in unserer Macht steht, ob unsere Mühe auch Ertrag bringt. Man macht das besonders gerne am Beispiel des Bauern klar und sagt: Ja, er kann das Korn auf das Feld bringen, aber daß es dann wächst, das ist das Wunder! Und vom Wunder auf dem Acker könnte man dann auf das Wunder menschlichen Erfindergeistes und menschlicher Geschicklichkeit kommen und sagen: Irgendwie ist auch da geheimnisvollerweise Gnade Gottes und Wunder dabei.

Ich glaube aber, das Wunder, um das es am Erntedankfest geht, liegt an einer anderen Stelle! Das Wunder liegt nicht einfach an der Stelle, wo uns nicht ganz durchsichtig ist, wie aus unserem Arbeiten der Ertrag kommt. Es wird sich sogar nach meiner Meinung – und erschreckt jetzt nicht davor, wenn ich das so offen sage – nie ganz beweisen lassen, daß das, was wir ernten oder was wir erwerben, Segen Gottes ist. Das Wunder, das beginnt dort, wo einer ganz unvermutet und ohne alle klugen Beweisführungen spürt, daß hinter seinen Kräften und seinen Bemühungen und seinen Anstrengungen, seien die nun auf dem Acker oder im Büro oder im Haus oder in der Werkstatt, einer steht, mit dem er täglich zusammenarbeitet. Aber daß einer das merkt, das ist das Wunder.

Vielleicht erinnert ihr euch daran: So oft wir hier eine Konfirmandenprüfung halten, kommt unausbleiblich bei der 4. Bitte des Vaterunsers: Unser täglich Brot gib uns heute! auch das zur Sprache, was Luther sagt auf die Frage: Was ist das? Was soll eigentlich diese Bitte um das tägliche Brot? Und da heißt es: „Gott gibt täglich Brot auch wohl ohne unser Bitten allen – sogar den bösen – Menschen; aber wir bitten in diesem Gebet, daß er es uns erkennen lasse, und mit Danksagung empfangen unser täglich Brot.“ Das Wunder ist dort geschehen, wo unsereiner, der sonst nur sieht, was er an Aufgaben hat, was er in den Händen hat und dann seine Beschlüsse faßt, zu schaffen und zu tun so oder anders, recht klug und recht geschickt, – das Wunder beginnt dort, wo einer merkt: Mir steht jemand gegenüber, der gerne mit mir reden möchte. Er will es nicht dabei bewenden lassen, daß er mir meinen Kopf und meine Hände, mein Ackerfeld und meinen Arbeitsplatz, meine Gesundheit und die Frische, mit der ich arbeite, gegeben hat und noch erhält.

Und ich sage offen und unbefangen, daß auf der ganzen Welt

jedermann jederzeit darauf den Kopf schütteln kann und sagen: Das glaube ich nicht; das hängt alles nur von mir ab, ich mache das alles alleine! Es ist noch niemals gelungen, jemanden gewissermaßen bei der Hand zu nehmen und ihm zu beweisen, daß Gottes Hilfe und Liebe ihn trägt. Es ist immer nur wie ein unvermutetes Wunder Menschen zugestoßen, daß sie Gott anrufen und reden hörten und nun nicht mehr nur arbeiteten und ernteten wie alle anderen Leute auch, sondern merkwürdigerweise Gott dafür zu danken begannen. Das ist das Wunder.

Und es ist ein großes Wunder, daß Luther meinte, es lohne sich, darum immer wieder zu bitten: Laß mich das merken! Laß mich das merken, daß hinter all dem, was mir gelingt und zuwächst, du stehst, du selber, den ich – wie ich von meinen Vätern gelernt habe oder von meinen Müttern – in dem Gebet mit „Vater" anrede. Und laß mich dann dankbar werden dafür, daß ich nicht bloß für mich alleine und auf meine Rechnung in dieser Welt stehe, sondern daß du da neben mir stehst und mir die Hände stärkst und das, was ich tue, auch geraten läßt.

Das wäre eine große Veränderung in meinem Leben, die damit begänne, daß ich nicht nur empfange, nicht nur sammle, nicht nur zusammenrechne, Strich darunter mache und sage: Das habe ich jetzt!, sondern sagen würde: Ich danke dir, mein Vater, daß du mich nicht hast umsonst arbeiten lassen; daß du gegeben hast, daß mein Fleiß und meine Arbeit auch Früchte tragen.

Man kann es natürlich auch bei der alten Bauernregel lassen, mit der hier dieser Text anfängt: Wer kärglich sät, der wird auch kärglich ernten; wer sich nicht viel anstrengt, der wird nicht viel herausholen! Aber dann geht es weiter: Wer da sät im Segen, der wird auch ernten im Segen! Und das ist gar keine Bauernregel mehr, das ist eine Christenregel. Wer da merkt, daß er mit seinem ganzen Mühen und Arbeiten ein Mitarbeiter Gottes ist, der ihn segnet mit Kraft, mit Fleiß, mit Treue, der ihm die Gaben gibt, die er ansetzt, der hat etwas ganz Neues gelernt.

Der lernt nämlich, daß nicht nur wir für uns alleine mühsam diesem Leben und dieser Welt etwas abringen, und dann halten wir es so fest wie möglich und müssen uns anknurren, damit es uns keiner wegnimmt. Sondern der weiß nun: Da steht einer neben mir, der will nicht, daß ich Mangel leide, der will, daß ich meine Kraft einsetze, will es aber auch nicht unbelohnt lassen. Und wenn ich den, der mein Helfer und Geber ist, nun anschaue, dann sehe ich, daß ihm auch die anderen neben mir lieb sind und daß er auch nicht will, daß die anderen neben mir Mangel leiden.

Wer Danken lernt – das meint Paulus –, der lernt auch das Weitergeben. Und er redet nun, wie das mit dem Geben zugeht: willig und nicht unter Zwang! Das, was dir durch Gottes Segen in die Hand kommt, das ist sehr wohl zuerst für dich bestimmt, damit du das Deine hast. Nur setze dir das rechte Maß dessen, was du brauchst. Du darfst – ja, du sollst das selber tun. Aber mache nicht die Augen zu wo du siehst, daß einer neben dir – er sei nahe oder ferne – Mangel leidet. Da ist Zeit, daß du nun gibst.

Und das, was ein Dankbarer weitergibt, das nennt Paulus wiederum eine Saat, eine gesegnete Saat, aus der dir mehr zuwächst als Brot allein. Du brauchst dich nicht angestrengt mit der Frage zu beschäftigen, wie unendlich viel Hunger und Not in der Welt ist. Darüber kann man freilich geradezu in Verzweiflung geraten. Verzweiflung soll zwar auch Kräfte entfesseln, aber Paulus meint, daß Dankbarkeit andere und stärkere Kräfte schenkt. Du darfst dir einfach das Herz aufgehen lassen: Da ist doch einer, der dich nicht vergessen hat in diesem ganzen Jahr! Seht ihr, wir brauchen also nicht so zu leben, wie wir oft genug leben: Zwischen Erwerben und Verbrauchen und wieder Erwerben und wieder Verbrauchen, und dabei setzen wir das Maß dessen, was wir brauchen, immer noch ein Stückchen höher. Leben wir da nicht wie zwischen zwei Mühlsteinen, die unsere Tage zerreiben, daß sie wie Staub dahinfliegen zwischen Erwerben und Verbrauchen und Erwerben und Verbrauchen? Wenn wir mit den Dankbaren leben, dann könnten wir leben zwischen Empfangen und Weitergeben – Empfangen und Weitergeben, froh und zuversichtlich.

Und unser Herz würde zwischen dankbar empfangen und weitergeben mehr haben als das, was ein voller Magen hat, der vielleicht sogar Überdruß macht. Wir würden einander nicht mehr so fremd bleiben, wie man einander trotz aller Hilfsaktionen bleibt. Wir würden Menschen nicht mehr als Konkurrenten im Wettlauf um den Besitz sehen, sondern als die Kinder des Vaters, der keines seiner Kinder Mangel leiden lassen will. Zwischen dem Empfangen und dem Weitergeben, zwischen dem Danken und dem Bitten und dem Geben lebt es sich anders, als zwischen dem Erwerben und dem Verbrauchen.

Und an dieser Stelle – und das ist das Letzte, was ich zu sagen habe – will ich eben das nicht tun, was vielleicht der eine oder andere erwartet: Euch mit einem mächtigen Anruf anspornen, Hilfsbereitschaft zu üben, mehr zu geben, abzugeben, auf die viele Not zu schauen. Die gibt es, die Hinweise sind gegeben. Sondern ich will euch, die ihr hier seid, und die, die nicht hier sind, heute einmal loben. Es ist ja doch in unserem Ort das Geben und Helfen niemals ganz ausgestorben und vergessen worden. Nicht nur, daß nach einem Gottesdienst die Opferbüchse und der Klingelbeutel eben doch niemals leer gewesen sind. Es haben immer Menschen daran gedacht, daß Christen empfangen und auch geben und helfen dürfen. Sie dürfen empfangen und sie dürfen geben. Nein, das ist bei uns nicht vergessen. Und wenn ich immer wieder höre – und ihr wißt das genauso gut wie ich, daß davon immer noch erzählt wird –, wie der eine in diesem Hause und der andere in jenem Hause in großer Notzeit, wenn Hungrige auf seinen Hof und in sein Haus kamen, die letzten sorgfältig gehüteten Kartoffeln aus dem Keller holte, das letzte Stückchen Fleisch heraus holte und teilte es, dann weiß ich: Ich brauche euch nicht etwas Neues zu sagen; ihr habt es noch nicht vergessen, was Geben und Helfen heißt. Und wenn unsereiner – ihr und ich – ein so gutes Gedächtnis dafür haben, wie der eine und der andere sich in schwerer Zeit mildherzig und brüderlich gezeigt hat, dann werdet ihr wohl auch glauben können, daß der Herr, der uns alle nährt, dafür ein noch besseres Gedächtnis hat.

Es ist eine einfältige Sache, ihn heute zu bitten: Laß mich wieder sehen, daß ich von deiner Hand lebe; nimm mir weg die Angst, ich könnte zu kurz kommen; mache mich zu einem Menschen, der dir dankt und der dir dient. Es wäre viel, wenn unser Herz und unsere Gedanken sich heute wieder auf den richten, der uns noch nicht verlassen hat. Wir hätten ihn dann auch im Hause, wenn es um anderes geht als um das Brot, um das Sattwerden. Wenn uns das trifft, was in dieser Welt und in diesem Leben an keinem Hause vorbeigeht: das Sich-Ängsten, Sich-Bangen, Krankheit und Abschiednehmen. Wir leben auch dann im Empfangen, im Danken und im Segen des Helfens und des Gebens. Das helf uns Gott. – Amen.

18. Sonntag nach Trinitatis

1. Korinther 1, 3–9

Liebe Freunde!
Da wären wir also einmal an der Stelle angekommen, an die wir uns eigentlich jedesmal begeben, wenn wir einen Gottesdienst anfangen. Denn das ist ein althergebrachter Brauch, daß man zum Anfang von der Kanzel her sagt: Gnade sei mit euch und Friede von Gott, unserm Vater, und dem Herrn Jesus Christus! Es ist ganz gut, wenn man da auch einmal hört, wie es unmittelbar danach weitergeht. Und wenn man erst einmal angefangen hat zu lesen, was in diesem 1. Korintherbrief steht, dann kommt man vielleicht auf die Idee, auch ein Stück weiter zu blättern. Man braucht gar kein großer Theologe zu sein, um dahinter zu kommen: Dieser Brief, den man da vor sich hat, der ist eine ziemlich handfeste Zurechtweisung. Die Leute, mit denen Paulus in Korinth da zu tun bekommt, sind, wie es scheint, miteinander und mit Paulus alles andere als einig. Es gibt so viele Streitpunkte, daß man sich fragen kann: Wie kann ein so lebhafter – und das ist vorsichtig gesagt – ein so streitbarer Brief so friedlich anfangen? Hat Paulus mit dem Lob – Ich danke Gott allenthalben für euch! – etwa nur begonnen, damit sie überhaupt anfangen zu lesen und womöglich weiterlesen? Damit sie erst einmal anfangen zuzuhören? Oder hat das etwas anderes auf sich? Wenn wir an Leute, die uns so unfreundliche Vorwürfe an den Kopf geworfen hätten, schreiben würden – falls wir überhaupt noch an solche Leute schreiben würden –, würden wir kaum, wenigstens was mich angeht, anfangen mit: Ich danke Gott, daß es euch gibt! Ich würde zwar nicht gerade mir die Redewendung erlauben: Daß dich der Teufel hole! Dazu ist es mir doch ein bißchen zu bedenklich, ob es nicht jemanden gibt, der solche häßlichen Redewendungen hört und zu allererst dann uns selber packt. Ich würde mich vermutlich in ein vornehmes Schweigen zurückziehen und sagen: Da sieht man einmal wieder, wie die Leute unter dem Vorwand, Christen zu sein, sich in Radaubrüder verwandeln.

Denn es gibt da Radaubrüder in Korinth. Nicht einmal das dürfen wir also als eine Erfindung der Neuzeit betrachten, daß es christliche Radaubrüder gibt. Alte Sache! Aber wer bringt das fertig, darüber zu reden unter der Überschrift: Ich danke dir, Gott! Man kann doch Gott nicht dafür danken, daß es ein solches Durcheinander gibt. Und in Korinth gibt es ein ziemliches Durcheinander. Und doch, dieser Paulus holt nicht Luft um zu schimpfen, sondern holt selber erst einmal tief Luft und erinnert sich daran, daß hier nichts – auch das Verkehrteste nicht – in Gang kommen könnte, wenn nicht Gott selber angefangen hätte, etwas in Gang zu bringen, was auch immer die Menschen daraus machen mögen. Er hat sich vorgenommen, Menschen auf du und du mit sich selber und miteinander zu bringen. Das steckt doch wohl dahinter, wenn man sagt: Er beruft sich eine Kirche! Das heißt doch: Menschen werden angerufen, und Gott, der Herr, will sie auf du und du mit sich und miteinander bringen, und womöglich auch auf du und du mit den ganz anderen Leuten, die über die Idee, daß Gott gerufen haben könnte, nur den Kopf schütteln, wenn sie nicht etwas Schlimmeres tun. Gott sei Dank, daß er überhaupt angefangen hat, sich mit Menschen einzulassen, und nicht erst eine Bestandsaufnahme macht um festzustellen, ob sich das lohnt. Und darum beginnt auch Paulus hier nicht mit einer Bestandsaufnahme, sondern erst einmal mit dem großen Dank: Gott sei Dank, er hat etwas angefangen. Und es ist wichtiger, sich immer wieder einmal zu fragen, wer bringt uns denn gelegentlich auch so durcheinander, als auf die Meinungsverschiedenheiten mit den anderen zu sehen, um gleich mit dem großen Gestreite und Gezänke anzufangen. Erst einmal Luft holen: Ich danke Gott allezeit!

Ja, Paulus sagt sogar, diese verwirrte Gemeinde in Korinth sei an allen Stücken reich gemacht, an aller Lehre, an aller Erkenntnis: Die Predigt von Christus ist in euch kräftig geworden. Vielleicht wird es tatsächlich dort unruhig, wo man nicht nur in alter ergebener Gewohnheit die alten Worte und Zusagen Gottes hört. Es kommt da wohl schon etwas in Bewegung, manchmal mehr als uns angenehm ist.

Wenn man in diesem Brief weiter gelesen hat, dann sieht man, daß Luther schon recht hatte, wenn er in seiner Vorrede zu diesem Brief schreibt: Solange es das Evangelium gibt, wird es Leute geben, die es für sich in Anspruch nehmen, um nun alleine zu wissen, wie man das richtig verwirklichen müßte. Und so gibt es in Korinth Leute, die berufen sich auf ganz besondere Feinheiten, die Paulus gesagt hat; andere berufen sich auf besondere Dinge, die auf Petrus zurückgehen. Leute gibt es, die behaupten, man dürfe jetzt überhaupt keine festen Bräuche mehr halten, sondern das müsse bei jedem Gottesdienst selber herauskommen, was eigentlich gemacht wird. Und andere Leute gibt es, die sagen: O nein, die Bräuche müssen ganz genau gehalten werden, sonst ist das kein Gottesdienst. Der eine will Fleisch essen, der andere nicht; der eine meint, die Frauen könnten jetzt die Haare lang tragen, andere haben gesagt, sie müßten eine Haube tragen. Und alle diese Dinge, die schon beinahe in lächerliche Nebensachen gehen, werden begründet mit der Berufung auf das, was Gott will, auf die große Freiheit, die er den Menschen bringt. Einer treibt die Freiheit so weit, daß er entgegen allem Brauch seine eigene Stiefmutter heiratet. Da kann man wohl sagen – wie Luther sagt: Wo das Evangelium kommt, da dauert es nicht lange, und die Christen gebärden sich wie tolle Heilige. Das ist kein schönes Wort. Das mag wohl in Korinth gestimmt haben. Es sollte uns nicht wundern, wenn es das immer wieder gibt: Tolle Heilige! Und auf der anderen Seite, da mögen vielleicht Leute sitzen, denen ist jedes Durcheinander ein Greuel, und jede Aufregung ein Greuel; die sind wieder allzu ruhig. Die lassen sich etwas von der Gnade Gottes erzählen und möchten das möglichst in einer so getragenen Tonart hören, daß man dabei ruhig weiterschlafen könnte: Die Gnade Gottes wird schon für alles sorgen! Die einen brechen nach allen möglichen Seiten aus, und die anderen bleiben stecken. Es mag sein, daß Luther recht hat, wenn er sagt: Solange es das Evangelium gibt, gibt es immer beides: Das Steckenbleiben und das Übertreiben. Vielleicht gibt es das nicht bloß in bestimmten Abschnitten der Weltgeschichte; vielleicht gibt es das sogar in dem Leben eines Menschen, in bestimmten Abschnitten unseres eigenen Lebens. Vielleicht liegt das sogar recht nahe beieinander, daß wir meinen, alarmierende Nachrichten weitergeben zu müssen, oder daß wir wieder meinen, alles sei getan, wenn wir alles der Gnade Gotes überlassen. Vermutlich sind wir beide Male nicht auf dem rechten Weg, den Gott nun eigentlich mit uns gehen will. Was ist das eigentlich, was will er?

Wie hieß der Text: Ich danke Gott allezeit eurethalben für die Gnade Gottes, die euch gegeben ist in Christus Jesus, daß ihr seid durch ihn an allen Stücken reich gemacht! Reich gemacht? Man könnte sich da Betrachtungen hingeben, auch nach so einer Art von Bestandsaufnahme, welcherlei Gaben Gottes es gibt. Wenn man aber einmal „reich gemacht“ bloß so für sich hört. Jemand der reich ist, der ist in der Lage, den anderen etwas zu geben; und erst einmal zu geben und nicht zu allererst anderen einiges abzuverlangen. Das wäre schon wert, darüber nachzudenken.

Die Predigt von Jesus Christus ist in euch kräftig geworden! Ihr seid nicht mehr so schwache Leute, die es kaum fertig bringen, sich selber zu ertragen. Und das ist schon eine schwere Sache, sich selber mit all seiner Hinfälligkeit und Kümmerlichkeit zu ertragen. Ein Kräftiger müßte vor allen Dingen daran zu erkennen sein, daß er andere erträgt, und vielleicht sogar trägt. „Ihr habt keinen Mangel an irgendeiner Gabe, und wartet nur auf die Offenbarung unsers Herrn Jesus Christus!“ Das, was nur Gott selber zur Vollendung bringen kann und will, das ist das einzige, was euch noch fehlt! Die Hauptperson, Jesus Christus, wird in diesen wenigen Versen gleich fünfmal genannt. Das ist die Hauptsache, daß ihr nun nicht angewiesen seid auf eure eigenen Einfälle, auf eure eigenen Kräfte, sondern daß jemand mitten unter euch, neben euch und zwischen euch und den anderen steht, und der will nicht mehr weggehen. Seht nur zu, daß ihr den, der da zwischen euch steht, nicht kränkt und vertreibt, indem ihr nach dem anderen schlagt und stoßt. Ihr seid jetzt nicht mehr allein, und Gott sei Dank, daß er gekommen ist.

Ich danke meinem Gott allezeit, und habe das – würde Paulus wohl sagen – auch dringend nötig. Auch ich habe es nötig – würde Paulus sagen – mich immer wieder daran zu erinnern, daß es eben nicht nur auf dieser Welt die tollen Christen und die schläfrigen Christen, die geschwätzigen Christen und die allzu schweigsamen Christen gibt; die Revolutionäre und die allzu Konservativen. Ich muß mich immer wieder daran erinnern und darf mich daran erinnern – Gott sei Dank: Der, nach dem sie sich alle Christen nennen dürfen und sollen, ist in diese Welt gekommen. Er ist es, der es unternommen hat, Menschen immer wieder zur Gemeinschaft mit den anderen zu bringen; Menschen immer wieder dazu zu bringen, daß sie nicht so sehr davor erschrecken, wenn ein anderer das gleiche Wort und den gleichen Gedanken einmal ganz anders versteht und ganz anders auslegen möchte. Richtiger ist es, immer noch davor zu erschrecken, wie rasch bei unsereinem selber die Worte Jesu Christi und das, was er uns gesagt hat und gibt, gebraucht werden, um den anderen neben uns zu kritisieren und herabzusetzen.

Und da hat keine Seite der anderen etwas vorzuwerfen. Es ist ebenso lieblos, wenn einer, der am liebsten stille sitzen möchte, den, der zu großen Aktionen neigt, herabzieht, wie wenn einer, der sich nun gerne mit der Frage beschäftigt, die ja so wichtig ist, wie man die alte Wahrheit in neuer Weise sagen könnte, jeden anderen einen Narren schilt, dem es um das Festhalten mehr geht als um das Suchen nach neuen Worten.

Es wäre wohl aussichtslos für Paulus, mit dieser verwirrten Gemeinde überhaupt noch ein Wort zu reden, wenn er nicht mit einem tiefen Atemholen sagen könnte, sich sagen könnte: Der, in dessen Namen und Geleit ich dorthin gegangen bin, der ist ja auch in Korinth noch immer da – Gott sei Dank! Ich rede nicht über ihn, und ich brauche den Korinthern nicht Vorträge über die richtige Theologie zu halten, sondern ich rufe erst einmal mit ihnen zusammen den an, der es sich merkwürdigerweise vorgenommen hat, aus Menschen seinen eigenen Leib dieser Welt zu bauen, eine Gemeinschaft, in der einer – hier muß man wohl einfügen: doch immer wieder nach allem Durcheinander und trotz allem Durcheinander – dem anderen nötig ist mit seinen besonderen Gaben, dem anderen dienlich ist mit seinen besonderen Gaben.

Ich wünschte mir das auch, daß wir immer wieder so gründlich Atem holen würden, wenn wir unsere Kirche ansehen. Diese Kirche, von der ein kluger und frommer Mann einmal gesagt hat, man rede von dieser Kirche Jesu Christi erst dann richtig, wenn man nicht mehr sagt: Du da drüben, du Kirche!, sondern wenn man sagt: Ich, die Kirche! Ich, ein Stück davon! Ich selber, in dem das immer wieder einzufallen droht und zugrunde geht, was Jesus Christus bauen will. Und ich, den er mit den anderen zusammen noch immer wieder gebrauchen will, soll Gemeinschaft finden auf du und du mit Gott, dem Vater, und mit allen anderen. Gott sei Dank, daß er sich das nicht nur vor zweitausend Jahren vorgenommen hat, sondern ihm sei Dank, daß er – und das ist das letzte Wort im

Dankgebet des Paulus – treu ist. Also hat er das heute und bei uns noch gar nicht aufgegeben.

Das macht die Sache freilich nicht einfacher. Auch dieser Brief des Paulus, der mit dem großen Atemholen und dem Dankgebet begann, hat nicht den Schlußstrich unter die Verwirrung der Gemeinde in Korinth gezogen. Es mußte noch ein zweiter Brief geschrieben werden, aus dem man merkt, daß die Erbitterung in der Gemeinde nicht von heute auf morgen überwunden worden ist und daß nicht einmal ein Apostel vom Format des Paulus davor bewahrt blieb, daß die Streitenden nun schließlich über ihn herfielen. Aber vor dem einen blieb er bewahrt: Den Mut zu verlieren und das große Atemholen zu vergessen. Und so kann er den zweiten Brief, in dem er manches Bittere abzuwehren hat, doch beschließen mit dem Gruß: Die Gnade unseres Herrn Jesu Christi und die Liebe Gottes und die Gemeinschaft des heiligen Geistes sei mit euch allen. Und wenn etwas auf Gottes Gnade stehen darf, dann steht und fällt es eben nicht mit unseren klugen und törichten Einfällen, ob er eine Kirche hat. Menschen, die mit ihm auf du und du kommen, führt er auch immer wieder auf du und du miteinander. Ihm sei Dank dafür. – Amen.

19. Sonntag nach Trinitatis

Epheser 4, 22–32

Liebe Freunde!

Wenn man diese Worte hört, kann man zunächst einmal sagen: Das sind ja wieder einmal Mahnungen, von denen wir schon eine ganze Menge in Gottesdiensten vorgesetzt bekommen haben: Nicht lügen, fleißig sein, rechtschaffen, ehrlich und dergleichen! Man könnte aber auch sich Gedanken darüber machen, daß damit in einem Brief, den ein Apostel an Christenmenschen schreibt, vorausgesetzt wird, daß auch Christen Leute sind, auf die diese recht unerfreuliche Beschreibung paßt. Also auch Leute, von denen man sagen kann: Sieh da, sie lügen auch! Sie sind auch jähzornig! Oder von denen man sagen kann: Sie sind auch nicht ganz ehrlich! „Wer gestohlen hat, der stehle hinfort nicht mehr!“ sagt ja Paulus. Sie sind auch „Schwätzer“. Recht unerfreulich! Sie sind also auch Leute, denen nicht immer das richtige Wort einfällt; Menschen, in deren Herzen statt Lobpreis und Dank und Festigkeit viel Grimm, Bitterkeit, Zorn und Lästerung stecken. Wäre es nicht so, dann brauchte das alles hier nicht erwähnt zu werden. Denn jemand zum Guten ermahnen setzt voraus, daß er im Schlechten wesentlich mehr Übung und Erfahrung hat als im Guten.

Das also steckt dahinter, daß es bei den Christen eben nicht anders aussieht als bei anderen Leuten auch. Daraufhin können natürlich ohne große Anstrengung die Menschen mit Fingern auf die zeigen, die sich Christen nennen, und sagen: Redet nicht so groß; wir wissen besser, wie es um euch steht! Es ist freilich eine alte Weisheit, daß unsere Nachbarn über unsere Schwächen viel besser Bescheid wissen als wir selber. Das hat seine Gründe, auf die ich nicht umständlich einzugehen brauche. Wir selber sind leicht geneigt, uns zu entschuldigen. Und das sogar in der Regel mit ganz brauchbaren Gründen. Es wird selten sein, daß unsereiner in Zorn geraten ist, ohne daß irgendjemand uns Unrecht getan hat. Und so wird unser Zorn für unsere Augen und unser Maß ein berechtigter sein. Wir spüren ja auch nicht am eigenen Leibe, wie weh ein böses Wort aus unserem Munde tut. Dagegen spüren wir sehr wohl, wo uns ein anderer weh tut, das trifft uns, das verletzt uns. Ich kann mich doch nicht ganz unterkriegen lassen! so ähnlich hören wir uns dann sagen. Des anderen Unrecht lastet ja auf uns.

Dies genügt als Hinweis darauf, daß wir über viele Entschuldigungen und Ausreden verfügen, die anderen für die Bösen halten, und höchst erstaunt wären, wenn ein Gerät erfunden würde, mit dessen Hilfe wir hören könnten, was unser Nachbar über uns zu sagen hat. Ich halte das für technisch möglich, aber für höchst unerfreulich anzuhören, was die Leute von uns halten, mit welcher Treffsicherheit sie uns erkannt haben. Es würde uns kaum besser machen, sondern noch mehr gegeneinander aufbringen. Sogar unsere Freunde haben ein scharfes Bild von uns und verschonen uns nur aus Freundschaft mit ihrem verletzenden Urteil.

Nun, wir gehen noch einmal zurück. Ich habe gesagt, wir sollten uns zunächst einmal darüber unterhalten, daß hier ein Mann redet, der als Christ und als Bote Gottes von den Kräften weiß, die Gott gibt, und über das, was Gott von unsereinem will, genau Bescheid weiß. Daß aber ein solcher Mann auch damit rechnet, daß in solchen Leuten, mit denen Gott seinen Bund gemacht hat, das alles, was hier so im Hintergrund steht, nicht verschwindet und nicht verschwunden ist. Das sagt er.

Und nun hören wir wirklich, wie eigentlich alles uns recht treffsicher ins Gesicht schlägt: So, meine lieben Freunde, stand es in eurem Leben; und so steht es heute immer noch mit deinem Zorn, und was dergleichen mehr ist! Das erinnert uns wieder einmal daran, daß Boten Gottes nicht durch eine rührende Unkenntnis unserer menschlichen Schwächen glänzen; daß sie auch nicht durch die Welt gegangen sind und sich mit Unterscheidungsgabe Leute heraussuchten, mit denen es sich lohnt für einen neuen Anfang. Das Leben der Leute, zu denen sie reden, bietet eigentlich gar keine Garantie dafür, daß da einmal irgendetwas anderes wachsen könnte als immer das gleiche Unkraut, das man so in den Gärtchen des menschlichen Lebens zu finden gewohnt ist.

Und darüber hinaus ist das Bemerkenswerte, daß nach diesen ganzen Mahnungen über das Kräutlein Jähzorn, die Brennessel Lüge nicht gesagt wird: Sieh zu, gib dir nun einmal Mühe, Ordnung zu halten, damit es dir nicht allzu schwer wird, noch gut zu werden und größer zu werden!

Das wären einfache sittliche Mahnungen. Hier wird aber etwas anderes gesagt: „Ziehet den neuen Menschen an, der nach Gott geschaffen ist; legt ab den alten Wandel, der sich im Irrtum befindet." Das „sich im Irrtum befinden" kann und soll wahrscheinlich nichts anderes heißen als: Ein Wandel, der sich durch törichte Hoffnungen zugrunde richtet. Vielleicht tun wir gut, wenn wir bei diesen „törichten Hoffnungen" eben nicht bloß denken an die Unarten und Ungezogenheiten – um es einmal ganz harmlos auszudrücken –, die den Menschen zu allen möglichen Bosheiten bringen können. Vielleicht ist der trügerischste Irrtum der, daß wir mit diesem allen allein fertig werden könnten. Vielleicht ist das die trügerischste Hoffnung, daß unsereiner, wenn er nur genügend aus seinem Lebensgarten herausrisse, auf diese Weise allmählich doch ein Mensch ganz aus eigener Kraft werden könne, der – ja, was hat er, was könnte er erreichen? – ein Mensch, der mit sich selber zufrieden ist, mit dem andere zufrieden sind. Gut! Ich würde eigentlich mehr verlangen. Daß unsereiner schließlich sagen könnte am Ende seines Lebens: Mein Leben hat einen Sinn gehabt; mein Leben hat ein Ziel erreicht!

Hier geht es ganz andere Wege. Hier geht es nicht darum, daß der Mensch etwas aus sich machen könnte; nicht darum, daß er etwas ganz Großartiges aus sich machen könnte, an dem er sich wirklich eines Tages freuen kann. Wenn wir diesen Text lesen und uns fragen, was ist denn wohl die Hauptsache, dann ist das nicht der Hinweis auf die in uns durchbrechenden Bosheiten; nicht der Hinweis, nun einmal etwas energisch vorzugehen; sondern das Wichtigste und Größte ist: „Ziehet an den neuen Menschen, der nach Gott geschaffen ist, in rechtschaffener Gerechtigkeit und Heiligkeit." Wenn man sich das zu übersetzen versucht in eine Sprache, die etwa in unsere Denkgewohnheiten hinein paßt, dann wird hier so geredet, als ständen wir gewissermaßen neben einem Platz, der uns bereitet worden ist, auf dem wir stehen dürfen und auch stehen sollen und auch stehen können – einem Platz ganz nahe bei Gott.

Nehmt es mir nicht übel, daß ich hier eigentlich ziemlich weit vom Text weggegangen zu sein scheine und vom neuen Menschen rede als handele es sich um einen Platz, auf dem einer stehen kann. Ich habe es deswegen so zu sagen versucht, damit wir nicht immer wieder – Prediger und Hörer dieses Wortes – in die Gefahr geraten, uns den neuen Menschen auszumalen als einen, der bestimmte Eigenschaften an sich hat, andere als bisher. Mir kommt es eben doch so vor, als wäre die neue Möglichkeit, die für Menschen durch Gott gegeben ist, diese: Du kannst vor mir stehen wie ein Kind, das mit seinem Vater redet!

Das klingt verschwommen. Mit Gott darauf losreden, das maßen wir uns alle an; das können wir ja alle schon. Wenn Gott den Menschen geschaffen hat, so sagen wir, dann ist das ja gar nicht anders denkbar, als daß unsereiner es sich leisten kann, mit ihm zu reden. Es wird mir jetzt sicherlich gelingen klar zu machen, daß da ein Unterschied besteht zwischen der leichtsinnigen Art, in der jeder von uns meint, falls es einen Gott gibt, dann kann ich selbstverständlich mit ihm reden! und der anderen Art, in der jemand wirklich redend, bittend bei Gott steht. Und diese andere Art, dieser andere Platz, diese andere Möglichkeit, von der ich gesprochen habe, sieht nicht so aus wie dieses Darauflosreden mit Gott und Darauflosleben im „Vertrauen", Er werde der Sache, die mich bedroht, schon die Spitze nehmen!

Den Platz bei Gott einnehmen, als neuer Mensch leben, das haben nämlich unsere Vorväter einmal so beschrieben – und das steht in den Apostelbriefen und auch hier so beschrieben – als führen wir damit gewissermaßen in die Haut Jesu Christi ein! Und bei ihm stehen wie dieser Jesus Christus, das ist die neue Möglichkeit für uns. Und wenn wir sagen: Ich stehe so bei Gott, ich darf so vor ihn treten wie dieser Jesus Christus, durch dessen Leben hindurchscheint und hindurchleuchtet die ganze Kraft dessen, vor dem er steht, von dem ihn nichts losreißen kann! – wenn wir das so sagen, dann wird es auf einmal eine recht harte Sache. Denn dieser Jesus Christus ist mit seinem ganzen Leben von Anfang bis Ende seinem Vater im Himmel nicht nur nahe für Hilfe im Notfall, sondern er ist auch an ihn gebunden und ausgeliefert. Er ist gebunden und ausgeliefert an den, der sagt und zeigt, wo sein Weg jetzt entlang geht; er ist gebunden und ausgeliefert an den, der ihm sagt, wann die Stunde gekommen ist; er ist an den gebunden und an den ausgeliefert, der ihm Stunden kommen läßt, die ihm die härteste Bitternis bescheren.

Wenn der Platz bei Gott, auf dem unsereiner stehen kann und stehen soll, der Platz ist, auf dem Jesus Christus gestanden hat, dann ist das kein bequemer Platz, an dem man vor allen Härten des Schicksals, in Nöten, bei Hunger und sogar Todesangst geborgen ist. Es ist ein Platz, an welchem alles, was es nur an Not gibt, an den, der darauf steht, herankommen kann. Er unterscheidet sich von allen Plätzen in der Welt, von allen Standpunkten, die ein Mensch haben kann, nur in einem einzigen: Daß nämlich der, der da steht, an den alles herankommen kann, bei Tag und bei Nacht und zu allen Stunden, heran kann auch zu Gott als zu seinem Vater. Und dieser an ihn herankommt und ihn hält, mitten hinein hält in diese Welt, mitten hinein in alles, was ihm Angst macht, was ihm über dem Kopf zusammenschlagen kann – und ihn dabei doch festhält.

Das ist der Platz des neuen Menschen! Nicht unterschieden dadurch von irgendwelchen anderen Plätzen, daß dort die Wogen des Schmerzes und des Leidens und anderes nicht hinkommen. Und doch ein Platz völliger Geborgenheit; ein Platz, an dem uns Kraft zuwächst. Die Kraft, daß wir aufhören können, uns zu sorgen; soviel Kraft, daß wir aufhören können zu lügen, denn Lüge hat immer zu tun mit der Kraftlosigkeit, mit der man Auseinandersetzungen aus dem Wege geht. Der Mensch in Gott hat so viel Kraft, daß er die Ausflucht der Lüge vor sich und allen anderen nicht mehr braucht.

Und alles, was da aufgezählt ist von Geschwätz, von der Lästerung, von der Wut, alles das kann uns nur genommen werden dadurch, daß wir auf diesen Platz, den uns Gott angewiesen hat, hintreten – auf diesen Platz Jesu Christi.

Liebe Freunde, vielleicht und sicherlich muß ich zugeben, daß diese Versuche, uns das zu beschreiben, uns deutlich zu machen, was hier vom neuen Platz, neuem Menschen, neuer Möglichkeit gesagt ist, daß das nur ein sehr andeutungsweises Gestammel geblieben ist. Und sicherlich muß ich zugeben, daß es sehr viel handfester wäre, einfach von unseren Fehlern zu reden und an Beispielen gegenüberzustellen: Richtig – falsch! Und vielleicht ist es ein bißchen lieblos, wenn ich es jedem einzelnen überlasse, in Gottes Nähe zu merken, was in seinem Leben richtig und falsch ist; an diesem rätselhaften Platz, über den alle Wogen hinweggehen und auf dem ich doch Kraft habe. Um diesen Platz geht es. Ich wollte uns davor bewahren, daß wir meinen, hier seien einfach Lebensregeln mitgeteilt und es tue ganz gut, sie sich wieder einmal hinter die Ohren zu schreiben. Wir würden dann schon wieder mit größerem Schwung in unser Leben hineingehen, ein bißchen besser damit fertig werden. Das aber würde auch gar nichts helfen.

Gott bewahre uns davor, eine Menge von guten Vorsätzen zu fassen. Das hilft nämlich nichts; und die Menge der guten Vorsätze, die man ja immer wieder einmal faßt – um sie zu fassen, muß man gar nicht Christ sein –, diese Vorsätze feiern wir dann schon als halbe Siege und übersehen alles das, was unser Leben schon hat und beibehält als leichte Schlagseite zur Unaufrichtigkeit, Gleichgültigkeit, Lieblosigkeit. Alle Vorsätze können nichts taugen, wenn nicht die Kraft da ist, wenn sie nicht in unser Denken und Handeln hineinströmt.

Und es hat seinen guten Sinn, wenn am Schluß Paulus von dieser Kraft Gottes noch einmal ganz deutlich redet: „Betrübet nicht den Heiligen Geist Gottes." Es ist sehr rechtschaffen, wenn wir uns hier an allerlei erinnern, womit wir den Heiligen Geist traurig machen können. Das Wichtigste ist aber doch dieses: Der Heilige Geist Gottes ist ja kein Beobachter deines und meines Lebens; er ist ja eben die Kraft, die in dein und mein Leben hinein will – nicht nur hineindringen will, sondern schon hineingedrungen ist!

Wißt ihr, man kann es doch eigentlich gar nicht anders sagen, was Christ sein heißt, als daß Gott der Herr uns alle längst beim Kragen gekriegt hat und uns auf diesen Platz Jesu Christi gestellt hat – und auf dem hält er uns fest.

Er ist nicht nur „auf dem Wege zu uns", und irgendwann wird er uns begegnen, sondern er ist uns schon begegnet und längst schon in deinem und meinem Leben drin. Und unser Leben ist gar nicht so kraftlos, wie wir uns das einreden. Unser Leben – und wenn es sonst gar nichts anderes hätte – hat, seit er uns angerührt hat, mindestens eine Kraft empfangen, die gar nicht alltäglich ist: die Kraft, Sehnsucht und Heimweh zu haben nach der Nähe Gottes. Es stehe um unsere sittlichen Leistungen wie es wolle – und es steht schlecht! –, aber das eine hat er uns schon angetan: Daß wir uns danach sehnen, mit ihm in Freundschaft zu leben. Und das geht sogar so weit, daß man von uns ehrlich sagen kann: Es steht bei uns gar nicht so, daß wir uns nur danach sehnen, dank seiner Hilfe vor bestimmten Mißlichkeiten bewahrt zu bleiben. Wie können wir uns aber so nach ihm sehnen, wenn er uns nicht schon angerührt hätte? Wie ihn herzlich suchen, wenn wir ihn nicht schon gefunden hätten?

Und das sei der Schluß, daß wir uns nämlich nicht mit Entsetzen sagen: So lange hat er schon an mir gezogen – und so wenig bin ich vom Fleck gekommen! Sondern daß wir am Abend sagen: Er hat sich tatsächlich schon mit mir eingelassen! Er hat mich tatsächlich schon angefaßt, und das Siegel ist auf meinem Leben schon darauf! Das nämlich bleibt die größte Kraft, die einem Menschen im Leben zuwachsen kann: Daß er froh ist darüber, daß Gott mit ihm etwas angefangen hat. Und daß wir erfahren haben, daß wir uns nach ihm sehnen; daß wir uns auch danach sehnen, daß vieles aus unserem Leben herausginge an Bosheiten und Lüge. Das sollen und brauchen wir nämlich nicht abzulegen aus Angst vor seiner Strafe, sondern weil er angefangen hat, uns zu helfen und uns auch weiter helfen wird. Er ist bei uns und wir bei ihm, und darum können wir jetzt auch miteinander anders umgehen. – Amen.

20. Sonntag nach Trinitatis

Epheser 5, 14–21

Liebe Freunde!
Aus der schönen Zeit, in der ich selber noch in der – nach meiner Meinung – glücklicheren Lage war, unter der Kanzel zu sitzen und Predigten zu hören, aus jener schönen Zeit erinnere ich mich noch, wie wichtig der erste Satz einer Predigt ist. Der kann einen so unbeteiligt lassen, daß die Augen zum Fenster wandern und man sich sagt: Na ja, viel wird da kaum werden! Ob der erste Satz aufregend und alarmierend sein soll, das weiß ich nicht. Er muß wohl aber vernünftig sein. Zu dem ersten Satz muß man nicken können. Darum will ich einmal versuchen, einen solchen ersten Satz zustande zu bringen, und der soll heißen: Selbstverständlich gehen lebendige Menschen auf ihren zwei Füßen umher. Da kann keiner den Kopf schütteln. Ich habe es geschafft: Selbstverständlich gehen lebendige Menschen auf ihren zwei Füßen umher! Ihr könntet höchstens von mir noch eine moderne Ergänzung verlangen, die das Autofahren mit einbezieht und womöglich die Flugreise. Selbstverständlich gehen lebendige Menschen auf ihren zwei Füßen umher! Es gibt allerdings auch eine andere Auffassung. Dieser anderen Auffassung war beispielsweise der Mann, der hier in diesem Epheserbrief redet. Er war nämlich der Meinung, daß die Menschen, die auf ihren Füßen umhergehen, oder heute gar Auto fahren oder sich im Düsenflugzeug bewegen, sich in Wirklichkeit – oder besser: Wenn man sie unter einem ganz bestimmten Gesichtspunkt betrachtet – überhaupt nicht bewegen, sondern eigentlich wie tot sind. Eigentlich unbeweglich, als lägen sie in einem Sarge. Das ist doch wohl eine kühne Behauptung! Was ist das für ein Gesichtspunkt, unter welchem die Menschen, die so furchtbar aufgeregt hinundherrennen, wie tot sind? Sie kommen zwar herum, meint Paulus, und sie kommen aus Armut vielleicht zu Reichtum, aus geringer Bedeutung zu hoher Bedeutung, aber sie sind immer die gleichen Menschen mit ihren unveränderlichen Gewohnheiten. Das sind nicht nur schlechte Gewohnheiten, es gibt auch gute Gewohnheiten. Aber an diesen Gewohnheiten und Anlagen ändert sich gar nichts. Es ist

immerfort derselbe Mensch mit seiner Prägung, als wäre das das unveränderliche Gesicht eines Toten.

Das ist nun eine kühne Behauptung, und man kann sich lange darüber streiten. Aber der Mann, der hier redet, will es auf diesen Streit nicht ankommen lassen. Er will sich mit uns nicht darüber unterhalten, ob das nun wirklich so sei. Ihm erscheint das jedenfalls so, weil er nämlich auf eine Möglichkeit gestoßen ist, bei der der Mensch in unerwarteter Weise auf die Füße und vorankommt. Und dabei heißt „vorankommen" nicht, von hier nach Mallorca kommen oder gar nach den Bahamas, sondern „vorankommen" bedeutet hier: Aus seiner eigenen Haut herauskönnen; aus der kann man ja eben sonst nicht heraus. Gemessen an dieser einen Chance, daß unsereiner aus seiner Haut herauskann, wirkt das, was wir sonst Leben nennen – man mag es beschreiben wie man will – so wie ein Tod. Gemessen an dieser einen Chance.

Was ist das für eine Chance? Was ist das für eine Möglichkeit, aus seiner eigenen Haut herauszukommen? „Wache auf, der du schläfst, und stehe auf von den Toten, so wird dich Christus erleuchten!" Oder richtiger: Wenn du, Schläfer, aufstehst, der du von den Toten erweckt worden bist – du bist das nämlich schon, du liegst zwar noch flach, aber du könntest jetzt aufstehen, da hat dich nämlich jemand gerufen –, und wenn du dich jetzt auf die Füße stellst, dann wirst du den sehen, der dich gerufen hat und ob das ein Irrtum war oder ob es keiner war. Wenn du auf die Füße kommen willst, wenn du dich jetzt aufrichtest, und du kannst es jetzt, dann wirst du den aufleuchten sehen, der dich angerufen hat. Dann wird dir das „einleuchten", daß du jetzt nicht mehr allein da in deinem Winkel „lebst", sondern daß sich jemand mit dir eingelassen hat. Aber aufstehen mußt du.

Damit meint er natürlich die Christen. Und er meint das doch, wie mir scheint, etwa so: Wenn wir einmal annehmen, wie müßten wirklich das, was wir Leben nennen, eigentlich als eine Art von Tod betrachten – keiner kann aus seiner Haut –, da muß ein Wunder passieren, wenn wir aus einem Toten erst einmal lebendig werden. Wir liegen dann zwar noch da, aber auf einmal kehrt die Besinnung zurück und der Tote fängt an zu blinzeln.

Und solche blinzelnde Tote sind wir möglicherweise hier in diesem Abendland. Über dieses Abendland und über uns ist jedesmal in der Taufe und hundertmal nicht nur durch irgendeinen Prediger, sondern durch Gott selber gesagt: Ich habe dich bei deinem Namen gerufen! Wir sind gar nicht mehr tot, wir liegen aber nach wie vor flach da und blinzeln am Sonntag einmal mit einem Auge und hören mit einem Ohr. Es liegt sich ja so schön. Wir sind Christen, wir sind nämlich gar nicht mehr tot und so unempfindlich. Aber mit dem Auf-die-Füße-Kommen will es nicht so richtig werden.

Und da sagt uns dieser Mann: Paß auf, lieber Freund, blinzelnde Christen, die einmal mit einem Ohre hinhören, die kommen nicht durch. So einer ist zwar erweckt, aber er mag nicht leben! Denn leben heißt, sich jetzt wirklich auf die Füße stellen – sich auf die Füße stellen lassen. Stehe auf, mein Freund, du lebst!

Es gibt einen Film, der gehört zu den fünf Filmen, für die ich immer Geld ausgebe. Das ist der Film „Orphée“ von dem Franzosen Cocteau. Darin kommt eine seltsame Szene vor: Ein junger Mann ist von einem Motorrad überfahren worden und wird dann abgeschleppt von zwei schwarzgekleideten Motorradfahrern. Sie legen den Toten auf den Fußboden. Zu dem Toten tritt eine geheimnisvolle schwarzgekleidete Frau und ruft ihn bei seinem Namen. Der Anruf reißt den Toten auf die Füße; er erfährt, daß er der geheimnisvollen Herrin über die Toten nun zu dienen habe.

Eine interessante Phantasie aus einem interessanten Film. Natürlich ist das Ganze eine Trickaufnahme, die in dem Film keine Schwierigkeiten bereitet. In Wirklichkeit gibt es das nicht. Oder sollte das mit Gottes Ruf an uns auf das Gleiche hinauslaufen? Nur: Im Film steht der Mann eben auf, und in der Kirche – da bleibt er liegen, wenn er gerufen ist. Er braucht nicht liegen zu bleiben; er könnte sich aufrichten und sehen und hören, wer ihn gerufen hat. Wir sind gerufen, wir könnten aus unseren starren Gewohnheiten heraus. Wir brauchten es nicht zu halten wie bisher, daß wir nur einmal „blinzeln“, um doch liegen zu bleiben wie bisher und wie alle anderen Leute auch.

Seht zu, daß ihr nicht die Dummen bleibt! Das steckt nämlich in dem Satz: „Seht zu, daß ihr vorsichtig wandelt, nicht als die Unweisen, sondern als die Weisen!“ Jetzt paßt bitte auf, daß ihr nicht die Dummen seid! Und darauf folgt der Satz, der sich vielen Leuten leicht einprägt: „Kaufet die Zeit aus, denn es ist böse Zeit!“ Ich gebe zu, das klingt verdächtig nach Pessimismus: Böse Zeiten! Man muß das Beste daraus machen. Aber damit hat dieser Satz nichts zu tun. Das Wort „Zeit" bedeutet nämlich zweimal etwas recht Verschiedenes. Das erste Mal bedeutet „Zeit" das, was wir sonst die große Chance, die einmalige Gelegenheit nennen. „Kaufet die Zeit aus" heißt also: Packt die Gelegenheit beim Schopfe! Und das zweite Mal steckt hinter dem hier mit „Zeit" übersetzten Wort unser Wort „Tag" oder „Alltag". Und das heißt nicht bloß: Der Alltag ist böse!, sondern: Im Alltag legt euch jemand seine bösen Schlingen und fängt euch damit ein! Packt diese Gelegenheit, auf die Füße zu kommen, und zwar so, daß man dann wirklich sagen könnte: Jetzt lebst du, mein Freund, jetzt hörst und siehst du, wer dich gerufen hat; jetzt siehst du auch den anderen Menschen neben dir. Ein Lebendiger sieht und hört und fühlt mit. Packe diese Gelegenheit beim Schopfe! Vorsicht, im Alltag treibt der Teufel sein Wesen!

Da kann man natürlich die Zeit wieder vergeuden, indem man fragt: Gibt es den Teufel, oder gibt es ihn nicht? Aber daß der Alltag eine verteufelte Sache ist, wird ja hoffentlich doch keiner bestreiten. Da fällt einem früh vielleicht einmal ein, daß es eigentlich ganz segensreich wäre, darüber nachzudenken, wie man – beispielsweise – in seinem Haus ein bißchen weniger leicht unwirsch würde. Aber dieser Einfall hilft einem nichts, denn bevor man noch diesen heilsamen Gedanken weiter verfolgen kann, geht der Alltag weiter und die Uhr läuft weiter. Nun kommt man nicht mehr zum Nachdenken, sondern muß schleunigst ... und so weiter! Und dann braust man hin und man hat den Straßenverkehr und dann liest man erst die Zeitung und dann ist man sowieso verloren für einen besseren Gedanken. So verteufelt geht es doch zu!

Und sogar die armen Kinder sind nicht besser daran. Im Nu müssen sie heraus. Sie bekommen gerade noch ihr Frühstück, da müssen sie schon wieder in die Schule! Das ist, wie es scheint, eine Art von rasender Bewegung. In Wirklichkeit kommst du weder zu dir selber, noch zu deinem Herrn, noch aus deiner alten Haut heraus. Und am wenigsten kommst du dabei irgendeinem Mitmenschen wirklich nahe. Vielleicht hängt das in einer bestimmten Weise miteinander zusammen: Zu seinem Herrn kommen, zu sich selber kommen, und auf diese einzige Art und Weise aus sich selber, aus seiner Haut heraus und anderen nahe kommen. Ja, wenn man eine Gelegenheit fände!

Paulus meint, es gäbe da eine Gelegenheit. Packt diese eine Gelegenheit beim Schopfe! Hinter dem Wort, das ich mit „Gelegenheit" übersetzt habe, steht ein merkwürdiges griechisches Wort: Kairos. Was „Kairos" ist, das haben die Griechen sogar bildlich dargestellt. Ich weiß nicht, ob Paulus an dieses Bild gedacht hat. Das ist eine interessante Figur: Herr Kairos ist ein junger Mann, der Herr Gelegenheit, der hat vorn, über der Stirn, ein Büschel langer Haare, hinten aber ist er kahl. Daher kann man den „Herrn Gelegenheit" nur packen, wenn er vor einem steht, nämlich bei seinen Locken, beim Schopfe. Wenn er erst vorbei ist, dann gelingt es einem nicht mehr, ihn festzuhalten. Griechische Ringkämpfer und auch der Herr Gelegenheit waren hinten gut geölt, da gleiten die Hände ab. Packt die Gelegenheit beim Schopfe! Diese Redewendung stammt haargenau aus Griechenland. Die „Gelegenheit" hat bloß vorn einen Schopf. Sei nicht dumm, daß du dir diese eine Möglichkeit entgehen läßt. Und genauso ist das auch hier gemeint.

Darum heißt es hier einfach: Werdet nicht unverständig, sondern verständig. Euch hat jemand gerufen, und der hat nicht bloß gerufen stehe auf und mache dir ein Programm oder dergleichen, sondern: Stehe auf, jetzt will ich dich führen! Das kann man natürlich hören mit dem etwas peinlichen Gefühl: Muß ich denn schon wieder gehorchen? Ich kann es aber auch dankbar hören, denn das ist eine ungewöhnliche Sache, daß einer in dem Sinne, wie es hier Paulus meint, auf die Füße kommt und nicht starr eingepfercht bleibt in die Meinungen der anderen, in seine eigenen Gewohnheiten. Da kann ich nur dankbar sein, wenn mich jemand bei der Hand nimmt. Denn ohne seine Hilfe kann ich alleine ja gar nicht auf den Füßen stehen, aber nun brauche ich es auch nicht. Sei nicht dumm! Da gibt dir einer die Gelegenheit, daß dein Leben nicht vorbeigeht wie ein Traum, sondern Schritt für Schritt ein Einüben wird auf das Vorankommen.

Und das geht sogar ein Ende weiter als bloß bis dahin, wo man das „Vorankommen" im allgemeinen vermutet. Etwas davon beschreibt der Vers 18, gegen den die Deutsche Winzergenossenschaft sicherlich protestieren würde, wenn sie in die Kirche ginge: Saufet euch nicht voll Weins! Das ist wirklich reichlich derb und wird kaum gemildert dadurch, daß Paulus hier eine andere Bibelstelle nur zitiert. In den Sprüchen Kapitel 23, Vers 30 wird das gesagt: Der

Wein, der hat das so in sich, der geht glatt ein, aber dann ist er wie eine Schlange und sticht dich. Und wenn einer erst getrunken hat, dann wird er seltsame Dinge sehen und unsinnige Reden führen. Er wird unverständig wie einer, der mitten im Meer oben auf dem Mastbaum einschläft. Es heißt da weiter: „Sie schlugen mich, aber es tat mir nicht weh; sie prügelten mich, aber ich fühlte es nicht."

Wer das damals hörte, der kannte vermutlich seine Bibel und dürfte gewußt haben, was damit gemeint war: Werdet doch bloß nicht stumpfsinnig wie Betrunkene. Unsereiner kann von vielem stumpfsinnig und gefühllos werden, nicht nur vom Wein. Man kann auch als Christ stumpfsinnig sein. Man kann sagen: Herr, erbarme dich! und bedenkt gar nicht, was man damit sagt und meint. Man kann das zwanzigmal sagen, und das macht einem noch weniger aus. Es kann einem die Wiederholung manches christlichen Gedankens und Bekenntnisses gar nichts ausmachen. Dann ist man – Verzeihung – ein Stumpfsinniger! Paulus mahnt also: Werdet nicht stumpfsinnig. Berauscht euch nicht an euch selber, an euren Leistungen, an den Chancen, die die Welt bietet, sondern macht eure Herzen, macht euch selber endlich ein bißchen feinfühliger. So ein Betrunkener, der merkt das gar nicht, wohin er läuft, und hält den Straßengraben für ein bequemes Bett.

Wenn hier davor gewarnt wird, sich gedankenlos zu „berauschen", dann steckt darin nicht einfach eine Warnung vor dem Wein, sondern vor dem Stumpfsinn, der uns um Nachdenken und Entschlußkraft bringt. Auf, werdet ein bißchen feinfühliger. Werdet voll Geist, nämlich voll Geist und Lebenshauch Gottes. Merkt doch, wie nahe er euch gekommen ist und daß er euch jetzt in Bewegung bringen will. Die anderen Leute werden von euch vielleicht sagen: Jetzt benehmen sie sich wie Betrunkene, diese Christen! Sie reden mit jemandem, den keiner sieht; sie halten sich an einen, den keiner so recht beschreiben kann! Aber wir wissen ja: Da reden wir mit dem, der uns auf den Beinen hält, der uns führt, auf dessen Nähe wir uns einüben können.

Das will ich nun doch einmal sagen: Ich jedenfalls komme ohne ständiges Einüben nicht aus. Und weil ich die Gewohnheit habe – ich gebe zu, die ganz äußerliche Gewohnheit –, wenigstens früh, bevor ich die Tageszeitung aufschlage, irgendein kleines Gebet aufzusagen – ich gebe zu, ich mache das meistens auch bloß aus Gewohnheit, aber eben die Gewohnheit hilft mir dabei –, dann gewinne ich dadurch doch immer ein wenig Abstand von mir selber, von der Aufgeregtheit, ob ich auch alles schaffe, von der Sorge, ob mir dies oder das gelingen wird, von dem eitlen Gedanken, es sei mir gestern etwas gelungen. Übt euch darauf ein, jetzt wirklich euch von Gott auf die Füße stellen zu lassen und eure eigenen Sorgen ihm anzuvertrauen.

Dieses Einüben wird hier eigentlich recht heiter beschrieben, als hinge das damit zusammen, daß einer dauernd Psalmen und Lieder singt. Merkwürdigerweise wird das „Einüben" heute oft anders beschrieben. Wißt ihr, wie manche Leute das heute anfangen? Erst einmal werfen sie euch Zeitungen auf den Tisch und Bilder auf den Fernsehschirm, in denen müßt ihr sämtliches Elend der Welt, der Bundesrepublik und aller umliegenden Landschaften zur Kenntnis nehmen, bis euch der Kopf von Not und Jammer der Welt schmerzt und das Herz stocken möchte. Dahinter steckt bestimmt redlichste Absicht – und doch auch ein beinahe sadistischer Zug. Der Herr, mit dem wir es zu tun bekommen haben, der kennt und sieht bestimmt all diesen Jammer – und will durch uns helfen. Und doch meine ich, daß er von seinen Helfern nicht mehr verlangt, als zwei Hände, zwei Füße und ein Kopf machen können. Er weiß, daß er uns auf das Helfen ständig einüben muß. Er verlangt von dir nicht, die ganze Welt auf einmal in einer maßlosen Anstrengung zu retten. Er verlangt von dir erst einmal, „aufzustehen" und sich ihm jeden Morgen wirklich zur Verfügung zu stellen. Und was du dann zu tun hast, und das kann sehr wohl ein Stück Hilfe für ganz weit draußen sein, das wird er dich schon merken lassen. Er ist aber kein herzloser Antreiber, der uns restlos überfordert, sondern ein Helfer, der uns stützt und stärkt. Und deswegen kann man eigentlich bei allem, was er einem aufgibt, auch Lobgesänge anstimmen.

Das ist nebenbei ganz gut, das tut mir jedenfalls gut, sich auch einmal zu stärken an Lobgesängen, die andere Leute gesungen haben. Es soll noch andere geben, die beim Autofahren irgendetwas singen. Nun ja, bei mir bringt es wohl der Beruf mit sich, daß es dann meist irgendein Kirchenlied ist. Da habe ich etwas davon, und ich werde nicht einmal unaufmerksam dadurch. Da bekommt man sich selber wieder ein bißchen heraus aus den Krusten der Angst und

Sorge und Unzufriedenheit, von Eitelkeit und Aufgeblasenheit, und kann dankbar werden. Denn das Wort „Seid dankbar!“ treibt uns ja nicht in neue Anstrengungen hinein, sondern hängt damit zusammen, daß er uns festhält. Wer sich nun, wenn auch schwankend auf seinen Füßen, an Gott festhalten darf, der kann Gott danken.

Ich komme zwar mit meinem „Einüben“ nicht so schön schnurgerade voran; es ist schon allerhand, daß ich überhaupt ab und zu einmal von meiner Ängstlichkeit, von meiner Depression, von meinem Übermut, von meiner Gier, von mir selber aus meiner eigenen Haut herauskomme, denn ich rutsche immer wieder in mich zusammen. Aber er hält mich ja fest – Gott sei Dank; das macht dankbar allezeit. Das reicht bei Christen so weit, daß sie sogar beim Sterben von einem „seligen Ende“ zu sprechen wagen. Denn der, mit dem sie auf die Füße gekommen sind, der läßt sie auch dann nicht los.

Und dann heißt es hier: „Seid einander untertan!“ Bitte legt das nicht sofort wieder in ein Programm aus. Das heißt: Liebe Christen, ihr, die ihr auf die Beine sollt, bleibt nicht so liegen, und hakt euch doch bitte unter; keiner braucht allein zu stehen und zu gehen. Ihr seid doch mehrere. Bei dem anderen hat er doch genauso angefangen. Hakt euch doch ein bißchen unter. Und redet miteinander nicht bloß vom Wetter. Ihr braucht ja nicht immerfort „Halleluja“ zu sagen, nein, aber ihr könntet einander schon merken lassen, daß ihr auch jemanden habt, genau wie der andere, vor dessen Angesicht sich vieles in der Welt ganz anders ansieht, das Verloren- und Verworfen- und Verdorbensein eines Lebens beispielsweise, als es sich sonst ansieht. Ihr braucht nicht allein zu sein, hakt euch unter. Und euch alle miteinander hält er selber auf den Füßen und hat sich vorgenommen, euch beim Stehen und Gehen nicht loszulassen. Steht auf, ihr Christen, blinzelt nicht nur, wenn euer Herr gerufen hat. Auf die Füße – und ihr werdet sehen dürfen, daß er bei euch ist! – Amen.

Reformationstag

Offenbarung 14, 6–7

Liebe Freunde!
Es kommt mir beinahe so vor, als ob die Männer, die für den Reformationstag diesen Text ausgewählt haben, uns auf den Gedanken bringen möchten, Luther sei für uns so ein Engel, der das Evangelium zu uns bringt. Da ist, so viel Luther auch mit dem Evangelium, mit der Nachricht vom Heil, zu tun hat, ganz gewiß nicht der Sinn dieses Textes, und Luther würde sich am heftigsten gegen die Behauptung wehren, er sei ein leibhaftiger Engel gewesen. Dazu wußte er zu viel von sich selber – und von den Engeln Gottes. Was wir von „Engeln" wissen, das ist abgeblaßt. Wenn uns bei dem Stichwort „Engel" noch etwas auftaucht, dann ist das das Bild von behutsamen und behütenden, zierlichen und engelhaften Wesen, die man nicht sieht. Das Stichwort „Engel" hat aber in diesem Buch und in den meisten anderen Büchern der Bibel eine ganz andere Bedeutung. Da heißen sie „Seraphim", und das hat etwas mit dem Blitz zu tun, oder „Cherubim", und das hat etwas mit dem Schwert zu tun; unaufhaltsam zustoßend wie der Blitz, lebensgefährlich wie das scharfe Schwert. Ja, und nun erschreckt nicht: Sie gleichen in der Bibel nicht zierlichen Singvögeln, sondern eher gefährlichen Raubvögeln, die ihre Beute nicht verfehlen; die man nicht kommen sieht, und die doch blitzschnell dahin stoßen, wo sie einen packen sollen und packen können. Wenn da im Scheitelpunkt des Himmels ein Engel kreist, dann ist das also nicht etwas, was man mit einem lauten Bewunderungsruf betrachten könnte, sondern dann wird es Zeit, den Kopf einzuziehen: Wird er jetzt auf einen herunterstoßen?
Und auch das, was hier das „ewige Evangelium" heißt, ist, wie schon der Text zeigt, nicht das ewige gleiche Gerede von einem Gott, der so gut ist, daß er eigentlich völlig harmlos ist, sondern das ist ein Machtwort Gottes, auf das es nur entweder ein „Ja" oder ein „Nein" gibt. Es wird kritisch, wo dieses Wort über uns schwebt. Darum ist auch hier die Rede von der Stunde des Gerichts. Und „Gericht" heißt ja auf Griechisch: Krise! Entweder wirst du

gesund, oder du gehst kaputt. Diese Heilsnachricht ist also nicht etwas Schönes, was unsere Hoffnungen bestätigt, unsere Wünsche erfüllt und unser Gemüt beruhigt. Sondern was hier „Evangelium“ heißt, das ist etwas, was uns die Ruhe nimmt; uns, die wir ja doch versuchen, in den Fäden in dieser Welt uns so fest wie möglich zu verankern. Und es könnte sein, daß uns alle haltenden „Fäden“ jetzt durchgerissen werden.

Es mag ungewöhnlich klingen, einen Engel mit einem Raubvogel zu vergleichen und das Evangelium mit einer sehr kritischen Nachricht über uns, mit einem lebensgefährlichen Entweder – Oder! Aber ich glaube, das eine kann man sagen: So ist Martin Luther mit dem Evangelium zusammengetroffen, das hier gemeint ist. Wir sagen zwar auch manchmal so leichtsinnig: Er ist ergriffen; er ist ein „von Gott zutiefst ergriffener Mensch“. Aber dabei denken wir an die Ergriffenheit, auf die wir selber manchmal stolz sind; an einen erhebenden Zustand, der wunderbare und schöne Gefühle in uns aufwallen läßt. Von Gott „ergriffen“ werden, das könnte aber tatsächlich genauso schmerzhaft sein, wie es für eine arme Maus sein mag, wenn der Raubvogel seine Krallen in sie schlägt. Die kleine Maus möchte ja doch gar nicht das Fliegen lernen; dieser arme Wicht, der da auf seinem Felde herumgelaufen ist und sich sein Loch gebaut hat, in das er sich verkriechen kann – und nun wird er doch unversehens gegriffen.

So fing das auch mit diesem Martin Luther an; unversehens war er vor diesem Gott nicht mehr sicher! Daher kam es, daß er Schutz sucht vor dem Griff Gottes in dem großen und wohlausgebauten Schutzbau der mittelalterlichen Kirche. Denn die Kirche mußte doch wissen, wie man diesen bedrohlichen Gott zufriedenstellt. Wenn du da unterkriechst und tust, was zum Frommsein gehört, vielleicht bist du dann vor ihm sicher! Es gelingt ihm nicht, sich sicher zu fühlen. Es gelingt ihm nicht, sich hinter den ernstgenommenen frommen Formen zu verstecken; er wird doch eingeholt. Und merkwürdigerweise wird nun, da er eingeholt und ergriffen ist, seine Angst vor Gott zu einer Hingabe an Gott. Das ist und bleibt das Merkwürdige. Und in solcher Hingabe lebt er nun nicht den Lebenslauf, den er sich gewünscht hat; er will gar nicht hervortreten oder gar „reformieren“, und muß doch reden, wo er spürt, daß Gott mißverstanden wird. Er schreibt Bücher, aber nicht als planender, zielbewußter Denker. Ich habe das Gefühl, er schreibt immer nur gerade das, was im Augenblick notwendig gesagt werden muß. Nur gerade das versucht er zu beantworten, was Leute von ihm wissen möchten, die es merken, daß da einer wirklich in Gottes Hand geraten ist. Oder er schreibt, um zurechtzurücken, was irgendeiner behauptet hat, der sich, ohne doch dem Gott der Bibel selber in die Hände gefallen zu sein, auf Gott beruft. Nun ja, man kann aufzählen, was er da geschrieben hat: 40 000 Briefe und so viele Schriften, daß es hundert Bände zu 700 Seiten füllt. Aber niemals schreibt er eine prächtig in Paragraphen geordnete Dogmatik. Dazu kommt er gar nicht. Er ist wie einer, der von seinem Herrn hingerissen und von anderen, die von ihm etwas hören möchten, wiederum oft genug hin- und hergezerrt Rede und Antwort steht. Und trotzdem wird dieses Leben mit seiner riesigen Arbeitslast nicht atemlos – merkwürdigerweise. Und die „Nahtstelle", wo dieser Mann, von dem Evangelium mitgerissen, den Boden unter den Füßen verliert und zugleich Halt und Ruhe findet, ist das Gebet.

Wenn ich mich frage, was das Merkwürdigste an diesem Manne Martin Luther ist, dann würde ich sagen: Das Merkwürdigste ist das, was er unter Beten versteht! Er versteht unter Gebet etwas, was einfach unerläßlich ist, wenn man über den Tag kommen will. Das hat er in diesem kleinen Buch niedergelegt, das ich zu den liebsten Büchern von Martin Luthers Hand zähle: „Über eine einfältige Art und Weise zu beten an einen Freund", oder, wie auch genauer gesagt werden kann: „An Meister Peter, den Barbier". Sollte er ausgerechnet seinem Barbier, der ihm damals die Backen glatt schabt, mehr anvertraut haben, als vielleicht manchem hohen wissenschaftlichen Geist, Freunden oder Gegnern?

„Von einer einfältigen Weise zu beten – 1535 zu Leipzig"! Da schreibt Luther als Allererstes: Wenn ich merke, daß ich kalt und unlustig geworden bin zum Gebet, dann nehme ich meinen kleinen Psalter und renne in die Kammer, oder wenn es geht zum Haufen, wo die anderen Christen beisammen sind – wenn es nicht geht, dann muß ich mit dem Winkel vorlieb nehmen.

Mir fällt dabei auf, daß er also nicht hinläuft, weil er das Bedürfnis hat zu beten. Wir warten immer auf den großen Augenblick, in dem wir das unabweisliche Bedürfnis fühlen, zu beten. Luther dagegen macht sich ans Beten, sobald ihm auffällt, daß gerade das Bedürfnis, Gott Rede und Antwort zu stehen und mit ihm zu reden, verschwunden ist. Natürlich hat er alle seine Theologie noch im Kopf, könnte über Gott reden und ist vielleicht sogar damit ganz gut im Zuge. Aber das genügt ihm offenbar nicht. Ihm scheint es im Gegenteil verdächtig zu sein, daß ihm auch ohne Gebet alles so gut von der Hand zu gehen scheint. Er sagt also: „Sobald ich kalt und unlustig bin zum Gebet über Tage und das merke!"

Da müßten wir uns ja eigentlich ziemlich oft aufmachen, ich auch. Das sind also nicht die Augenblicke, in denen unsereiner – wie so oft – an das Ende seiner Möglichkeiten kommt und alleine nicht mehr weiter kommt. So sehen wir die Sache an und bilden uns ein, daß man die Leute zum Beten bringt, indem man ihnen mühsam aufzählt, daß sie doch ihre Aufgaben gar nicht alleine schaffen und gar nicht so viel leisten und eigentlich gar nicht so richtig bis zu einem vernünftigen Ziele kommen, daß unsereinem doch auch einmal die Kräfte ausgehen. Damit hoffen wir ein Bedürfnis nach Gebet zu erwecken. Dieser Mann aber fängt an zu beten und rennt da mit dem Psalter in der Hand los, sobald ihm auffällt, daß er nicht das mindeste Bedürfnis danach hat, daß er kalt und unlustig ist zum Gebet.

Das sind vermutlich nicht Augenblicke besonderer Verzagtheit oder Verzweiflung, sondern das dürften die Augenblicke sein, in denen unsereinem so richtig wohl ist in Saft und Kraft unserer Klugheit, unserer Arbeit und unseres Erfolges, in denen wir so richtig unser selber sicher sind. Das sind die Augenblicke, in denen man sich allenfalls, wenn man an Gott dächte, sagen würde: Na, siehst du wohl, was ich jetzt leiste; und ich bringe es sogar einigermaßen alleine fertig! Was müßte wohl mit uns geschehen, wenn wir in solchen Augenblicken sagen sollten: Das ist ja entsetzlich, ich stehe ja auf eigenen Füßen, das kann ja nicht gut sein!? Ich muß jetzt schleunigst darauf achten, ob ich unversehens in meiner Sicherheit, in meinem Saft und Kraft nicht von Gott losgerissen bin!

Nun, Luther jedenfalls rennt dann hin; dieser Mann, der doch immerhin von sich sagen könnte: Na ja, was ich so schreibe und mache, mein Tageslauf hat mit Gott zu tun, schließlich bin ich ja Doktor Martin Luther und habe ja durchaus nicht unbedingt mit Holz und Eisen zu schaffen, sondern immer mit dem Worte Gottes; und wenn ich das einigermaßen verstehe, dann bin ich ja sowieso auf dem rechten Wege! Nein, sobald er merkt, daß ihm das Beten nicht mehr nötig ist, wird ihm bange und er rennt hin.

Und dort beginnt er nun, in seinem Winkel, wie er ganz offen eingesteht und dem Barbier auch sagt, einfach ein Gebet aufzusagen wie es die Kinder aufsagen. Wir sind natürlich anspruchsvoller. Wir meinen, der Heilige Geist müßte uns da immer den Mund mit ganz neuen und tiefen Worten und Gedanken füllen. Dieser Mann dagegen sagt ganz verzweifelt einen auswendig gelernten Vers auf und bekennt auch von sich selber: Mehr als einfach etwas aufzusagen bringe ich nicht fertig! Er ist eben nicht so weit, daß er beten kann und jetzt beten möchte. Sondern er ist so weit, daß er nichts mehr davon fertig bringt.

Und wenn er dann seinen Vers aufgesagt hat, dann beginnt er, Stück für Stück sich nun noch einmal näher vorzunehmen. Und da könnte man sagen: Lieber Freund, das wird dich aber sehr von der Arbeit abhalten! Worauf er sagt: Es gibt sicherlich Geschäfte, die einmal wichtiger sein können als dieses Beten; und es kann schon sein, daß einer, der Gott ehrt und seinem Nächsten etwas zuliebe tut mit dem, was er arbeitet, im Grunde genommen auch betet, und dann reißt das Gebet also auch unter der Arbeit nicht ab. Es gibt aber auch eine Flucht vor dem Gebet in die Arbeit und in die Geschäfte. Und es gibt eine Art zu arbeiten, die nichts weiter als lauter Fluchen ist, weil ich dabei nämlich gar nicht nach Gott und dem Dienst des Nächsten frage. Könnte das am Ende gar auch für theologische Arbeit zutreffen? Wenn ich an Luther denke, dann nehme ich das an, denn er redet wohl auch von solchen theologischen Tätigkeiten.

Nun aber klammert er sich an das, was er da aufgesagt hat. Das sind, so altertümlich uns das vorkommen mag, im Grunde genommen die Stücke, die er im kleinen Katechismus zusammengestellt hat. Den hat er ja gar nicht erfunden, um Kinder und Erwachsene damit zu plagen, schwierige Sachen auswendig zu lernen. Das ist ja die Sammlung der Stücke, an denen er sich selber nachdenklich immer wieder festhält, freut und aufrichtet. Und er beschreibt in diesem Buch – und damit kann ich es nun recht kurz machen –, wie er Stück für Stück und Bitte um Bitte zum Beispiel das Vaterunser sich vornimmt. Ja, und er hat sogar eine richtige

Methode dabei, daß er sich nämlich erst einmal überlegt: Was lehrt mich das? Etwa die Bitte: Vergib uns unsere Schuld! Daß ich eigentlich gar nicht anders als schuldig vor ihm bin, daß er aber doch mit mir reden will. Wofür kann ich danken? Daß ich mit meiner Schuld zu ihm rennen kann! Was muß ich beichten, nämlich was ist die Schuld, die ich ihm sagen muß? Worum darf ich bitten?

Lehre, Dank, Beichte, Bitte – Lehre, Dank, Beichte, Bitte! Was lehrt mich Gott? Wofür kann ich ihm danken? Was muß ich ihm bekennen? Worum muß ich ihn jetzt bitten? Das ist die geradezu schülerhafte Methode, in der er Stück für Stück die zehn Gebote, das Glaubensbekenntnis, das Vaterunser, die Taufe und das Abendmahl durchdenkt.

Und dann sagt er: Dabei geschieht es einem manchmal, daß einem so reiche Gedanken kommen, daß man aus dem Bekennen und Danken und Beichten und Bitten gar nicht herauskommt. Dann sollte man sich nicht sagen: Jetzt muß ich die Sache aber weiter machen und zum nächsten Punkte kommen! Wenn es so ist, dann betet der Geist Gottes selber in dir.

Und nun folgen zwei Mahnungen: Und wenn du dann aufstehst, falls du gekniet hast, oder hinaus gehst, falls du in einem Winkel warest, vergiß nicht, was du gebetet hast; vergiß das nicht! Das ist kein Beter, der im nächsten Augenblick vergißt, was er gesagt hat. Und wenn du schließest, dann mache das „Amen" recht groß, das heißt, du sollst dir sagen: Ich habe mit Gott geredet, nicht weil ich das wollte, nicht weil ich das brauchte, sondern weil ich aufgefordert bin: Mein Kind, rede mit mir! Und ganz gewiß ist Wort für Wort gehört worden. Dann sollst du wieder an deine Geschäfte gehen und wirst in dem, was du tust, was du besorgst, Gott ehren und dem anderen dienen.

Wenn man so will, dann ist dieses kleine Stückchen, diese „einfältige Weise zu beten", also die Wurzel dieses Lebens. Und wenn wir von Luther außer dem Katechismus nichts weiter hätten als dieses kleine Buch, ich meine, dann hätten wir schon immer noch erhebliche Zeit damit zu tun und zu bedenken, und könnten uns gewaltig davon stärken lassen. Denn daran zu denken, was Luther alles getan hat, ist großartig. Aber bei ihm darauf zu stoßen, daß es sogar diesem Mann so ging, daß er es oft gar nicht nötig fand, zu beten, und dann gerade deshalb immer wieder anfing, sich einzuüben, das tröstet mich Ungeübten und hilft mir, mich auch selber dort festzuhalten, wo er täglich seine Kraft her bekam. Sich stark fühlen, das könnte bedenklicher sein als manche Kraftlosigkeit und Ratlosigkeit. Zu denen, die alle Stunden mit Gott reden sollen und dürfen, rechnen wir ja doch auch – jedenfalls rechnet Gott ja „alle Welt“ dazu. Das hat Luther uns auf gut deutsch gesagt. – Amen.

Drittletzter Sonntag des Kirchenjahres

1. Thessalonicher 4, 13–18

Liebe Freunde!
Es wäre vollkommen zu verstehen, wenn jemand unter uns sich doppelt enttäuscht fühlte. Einmal durch das Lied, das wir gesungen haben; und zum zweiten durch den Text, den wir eben gehört haben. Das Lied, Nummer 272 in unserem Gesangbuch, hat seine Schwierigkeit schon dadurch, daß man es nie singt, vielleicht auch nicht zu singen wagt; es ist also unbekannt; fremdartig ist aber auch der Inhalt. Gleich am Anfang stockt man: Kommt, Kinder, laßt uns gehen, der Abend kommt herbei! – und so etwas am Morgen! Dann merkt man, daß damit nicht gemeint ist, es sei jetzt schon vier oder fünf Uhr und werde finster, sondern daß es darum geht, daß das „Tageslicht" unseres Lebens ausgenutzt werden soll. Wir haben keine Zeit zu verlieren! Haltet euch nicht unnütz auf! Wandelt solange es Tag ist, es kommt die Nacht, da keiner wirken kann.

Aber dann wird von Pilgern geredet. Pilger sind Leute, mit denen man keine großen Geschäfte machen kann. Etwas geringschätzig schauen die wohleingerichteten Bewohner dieser Erde auf die herab, die sich da so über die Straße bewegen zu einem Ziele, zu dem es doch recht weit ist, und von dem durchaus nicht alle Leute viel halten. Und noch geringschätziger schauen die Pilger an den „Weltkindern" vorbei. Man kennt das doch! Weltflüchtig scheint dieses Lied, und das ist der schlimmste Vorwurf, den man heute jemandem machen kann. Weltflüchtig – und was wird aus der hungernden, blutenden Welt?

Und ist der Bibeltext etwa aktuell? Vor der Frage, was aus den Toten wird, steht doch die viel dringendere Frage, was aus den Lebenden wird! Was soll uns heute noch ein solcher Text, ein solches Lied?

Freilich, wenn man das „weltflüchtige" Lied genauer liest und sich diese pilgernden Leute etwas näher ansieht, die da beschrieben werden, dann erfährt man, daß sie den Mut nicht verlieren, einander unter die Arme fassen, den Schwachen nicht am Wege liegen lassen, ihre Kräfte nicht schonen. Schließlich bemerkt man, daß der Mann Tersteegen heißt, von dem das Lied stammt; dann sieht die Sache etwas anders aus. Tersteegen stellt keine Forderungen an die Welt, keine Ansprüche an das Leben, aber er ist einer, bei dem Leute anklopfen konnten, wenn sie in Not waren; einer, der sich Ansprüche stellen ließ von aller Welt. Dann sagt es sich vielleicht doch nicht so leicht: Diese Pilger sind weltflüchtig!

Es ist nur eines ganz anders bei ihnen: Sie zittern vor Ereignissen nicht, vor denen man normalerweise zittern muß: Verlust des Eigentums, Verlust der Heimat, Verlust der Gesundheit, Verlust des Lebens. Diese Schläge, von denen wir sagen, sie können Menschen zermalmen, sind ihnen leicht wie nichts. Wenn diese Pilger zittern, dann zittern sie vor etwas anderem: Davor, die Richtung und die Verbindung zu verlieren, in der man „von einer Kraft zur andern" weiterkommt. Kräfte lassen immerfort wieder nach. Davor zittern sie! Aber lachen können sie über alles das, wovor alle Welt zittert. Wenn das Schwächlinge sein sollten, dann möchte ich ja eigentlich auch ein Schwächling sein.

Ja, aber das eine wird man doch zugeben müssen: Hier ist nicht die geringste Rede von großen Taten, die da zu tun sind: Fangt etwas an, tut in der Welt etwas Gutes! Nichts von großen Liebesprogrammen. Aber das täuscht. Ganz am Rande blitzt da ein Wort auf: „Auf eurer Liebesbahn" – so heißt es. Wer diesen Pilgerzug mitmacht, der achtet darauf, daß er keinen zertritt, und der nimmt sich gewiß auch die Zeit wie der barmherzige Samariter, sonst wäre er kein Pilger mehr. Nur – er redet nicht davon! Er tut seine Werke der Liebe, denn seinen Weg geht er nicht als unbeteiligter Müßiggänger in dieser Welt. Aber er versteckt das, was er tut, vor den Augen anderer, während wir heute gewohnt sind, gerade das, was wir tun, vorzuzeigen.

Unsere Zeit hat ja ein merkwürdig gespaltenes Verhältnis zu dem, was christliche Liebe ist. Einerseits können wir darauf verweisen, daß wir Spitzenleistungen des Dienstes am Nächsten fordern – und das weit über den Rahmen der christlichen Gemeinde hinaus – und auch Spitzenleistungen vollbringen. Ebenso konsequent überhören wir aber auch, daß in der Bibel, in den Worten unseres Herrn, eindeutig steht: Laß die rechte Hand nicht wissen, was die Linke tut; laß niemanden sehen, daß du Almosen gibst; überlasse das anderen, dabei in die Trompete zu stoßen: Trara, ich habe etwas getan! Diese Stille und Verschwiegenheit ist unserer christlichen Liebestätigkeit verlorengegangen. Wir sind im Gegenteil versessen darauf, uns mit dem, was wir tun, vor einer möglichst großen Öffentlichkeit zu rechtfertigen. Wir werben für Liebe mit Mitteln der Werbung, die von den Schreckensmethoden mittelalterlicher Bußprediger nicht weit entfernt sind, und es traut sich kaum einer in die Öffentlichkeit, wenn er nicht den „Ablaßzettel" seiner Teilnahme an großen Liebeswerken vorzeigen kann. Wie merkwürdig: Wir tun ungeheuer viel, aber wir tun es auch mit dem entsprechenden Gerede. Daß wir die Hände weit auftun, ist biblisch. Aber daß wir dabei den Mund so weit auftun, will sich nicht auf die biblische Mahnung reimen, daß es völlig genüge, wenn der, der in das Verborgene sieht, weiß, was wir tun – andere gehe es nichts an. Man dürfe und solle das lieber verschweigen. Was wir verschweigen, das sind aber andere Dinge. Ein merkwürdig gespaltenes Verhältnis zur Liebe.

Und ein merkwürdig gespaltenes Verhältnis haben wir auch zum Tode. In diesem Liede geht der Pilgerzug offenherzig auf das Sterben zu, als sei das die Tür vor dem Ziel, als könne ein Sterbender sagen: Gott sei Dank, Kinder, wir sind da! Und vom Sterben zu sprechen ist gar nicht so leicht in einer Zeit, in der die Menschen damals noch selber an den Sterbebetten sitzen mußten, das bittere Ringen der Menschen an ihrem Lebensende bei denen ansehen mußten, die ihnen die Liebsten waren. Die wußten damals sehr genau, was Sterben heißt. Was es vor allem dann heißt, wenn es um Menschen geht, die ein Stück meines Lebens sind.

Jene Zeit hatte noch nicht das Krankenhaus, hinter dessen weißlackierten Türen der letzte Kampf, der letzte Atemzug diskret verborgen wird, wo Fachkräfte der herannahenden letzten Bitterkeit ins Auge sehen und uns dann die harte Nachricht möglichst schonend weitersagen.

Ich weiß sehr wohl, es gibt auch heute noch genug Leute, die sich nicht vor die Tür verweisen lassen, sondern sie sitzen bei dem, der ihnen lieb ist, trocknen ihm die Stirn und halten ihm die Hand. Aber selbstverständlich ist uns das nicht mehr. Wir neigen dazu, dem Anblick des Sterbens auszuweichen. Wenn einer auf der Autobahn im Sterben liegt, dann fahren die anderen so schnell wie möglich vorbei. Nicht nur weil sie keine Zeit haben, sondern weil wir das nicht aushalten können, zu sehen, wie gestorben wird, dieses Entsetzen.

Und während wir also das Sterben, wo es uns angeht und wo einer keinen anderen hätte als uns, der ihm die Hand hält, wo wir das oft abschieben: Nicht so nahe! – setzen wir uns vor unsere Fernsehröhre und können gar nicht genug von den Qualen und dem Blut dieser Welt bekommen. Und wenn nichts passiert, dann lassen wir uns einen Krimi vorflimmern, da wird ja gemordet. Wir sind versessen darauf, dabei zu sein. Welche Gespaltenheit unseres Bewußtseins, die dem Tode ausweicht, wenn er uns auf die Haut rückt und in das Haus rückt, aber ihn anglotzt, wie Fische aus dem Aquarium glotzen, wenn er durch eine Glaswand von uns geschieden ist. Wir können gar nicht ohne den „großen Mordfall", den Krimi, leben. Da sind die Straßen leer bei uns, da sieht man, wie so schön gemordet wird, und wie so interessant gestorben wird. Was sind wir für Leute? Jedenfalls Leute anderer Art als solche Pilger!

Und Leute anderer Art doch wohl auch als diese Thessalonicher. Denn das ist die zweite Enttäuschung: Was wird uns in unserem Bibeltext zugemutet, uns, die wir die Landung der Astronauten sehen: „Dem Herrn entgegengerückt werden in der Luft", – was für eine luftige Rederei! Wie kann man uns das bieten? Wir lassen uns das einfach nicht mehr bieten! Der Text wird für uns schwierig. Diese Worte werden geschrieben an eine Gemeinde, in der der Apostel Paulus nur wenige Wochen hat bleiben können. Dann wurde er durch Unruhen, die Gegner erregten, vertrieben. Lange Zeit hat er sich darum sorgen müssen, was aus dieser Gemeinde wohl geworden sei. Endlich schickt er einen Boten hin. Er erfährt, daß es diese kleine Gemeinde aus Dockarbeitern und – sagen wir es ruhig – den kleinen Leuten noch gibt dort in Saloniki – wie es heute heißt. Die Christen gibt es noch, die halten noch zusammen. Die haben noch den Namen ihres Herrn Jesus Christus nicht vergessen. Und das ist für sie nicht nur ein Name, wie es scheint. Aber sie haben auch ihre Fragen, die bringen sie nun vor. Eines bewegt sie besonders: Da sind welche unter uns, die haben sich von Jesus rufen und anreden lassen, aber nun sind sie gestorben, nun sind sie tot! Werden sie auch dabei sein an dem Tage, an dem das vollendet wird, was Jesus ja hier nur erst anfängt, oder sind sie da die Toten, die Vergessenen? Was wird mit ihnen? Mit denen, die uns doch so lieb sind?

Paulus kommt nicht auf den Gedanken, etwa zu sagen: Das gehört sich nicht, daß einem Christen jemand lieb ist! Sondern die Frage ist ihm recht. Er gibt ihnen darauf die Antwort: „Liebe Brüder, wir wollen euch nicht im Ungewissen lassen!" Alle Welt scheint zwar zu meinen, es sei nichts so ungewiß wie die Antwort auf die Frage: Was wird aus den Toten?

Seien wir genau: Diese Frage, was ganz allgemein aus den Toten wird, ist hier nicht gestellt und wird an dieser Stelle auch nicht umfassend beantwortet. Die Frage und die Antwort beziehen sich hier auf „die Toten, die im Namen Jesu gestorben sind", also auf Christen, die auf ihn geschaut haben – und doch sind ihre Augen erloschen; die sich an ihm festgehalten und auf ihn gehofft haben – und doch ist ihr Hand kalt geworden. Sie sind entschlafen, wie alle Menschen entschlafen müssen. Und „entschlafen" ist noch ein zu schönes Wort für das schreckliche Erkalten und Loslassenmüssen. Was wird? So fragen die Christen in Saloniki. Sind unsere Toten nun von unserem Herrn geschieden, genauso wie sie jetzt von uns losgerissen worden sind? Sind sie vom kommenden Reich Gottes ausgeschlossen worden? Und Paulus sagt: Wenn wir glauben, daß Jesus Christus gestorben und auferstanden ist, so wird Gott auch die, die da entschlafen sind, durch Jesum mit ihm führen.

Und da ist ja der Punkt: Wenn wir glauben – falls man das nämlich kann, wir aber können es nicht! Das ist wohl also eine Bedingung: Ja, wenn man das fertig brächte ...! Nein, das bedeutet dieser Satz ja gar nicht, sondern Paulus sagt damit: Ihr wißt ja doch, ihr Thessalonicher, was „glauben" heißt: Sich einlassen auf einen, der lebt. Von Jesus wurde euch ja nicht nur erzählt, und unser Verstand nimmt dann einige Weisheiten über Menschenliebe auf; ihr habt ja mit einem zu tun bekommen, der euch packt und trägt, auch wenn ihr es nicht in dürren Worten erklären könnt, wieso er euch spürbar nahe ist. Aber man könnte euch sagen was man wollte, man könnte euch das nicht nehmen. „Glauben" heißt hier: Wissen, daß Jesus lebt, aber es eben anders wissen, als man weiß, was in der Zeitung steht. Es wissen mit der ganzen Gewißheit im Grunde des Herzens. Paulus stellt hier keine Bedingung, sondern fragt: Wie hättet ihr anfangen können zuzuhören, wenn nicht Jesus lebte? Ich habe euch nicht von einem einmal gewesenen und vergangenen Jesus berichtet. Für einen verstorbenen Jesus lohnte es weder, durch die Welt zu gehen, noch lohnte es da, irgendjemandem zuzuhören. Ein vergangener Jesus wäre unterzubringen im Katalog der großen Männer oder auch der begeisterten oder auch vielleicht der etwas verwirrten Männer.

Aber er ist ja einer, der lebt und bringt euch auf die Füße in einer Art, mit der ihr gar nicht gerechnet habt; bringt euch auf du und du mit Gott und miteinander. So sicher, wie er das tut, so sicher, wie er lebt, werden die, die sich mit ihm eingelassen haben, ihm auch nicht mehr aus den Händen gerissen. Und das sage ich – fährt der Apostel fort – als ein Wort des Herrn. Ich vertraue euch da etwas an, was sich nicht durch Nachdenken ergibt, sondern was ein uns anvertrautes Geheimnis, eine Zusage des lebendigen Herrn über Leben und Tod ist: Er wird sich die nicht nehmen lassen, die ihr loslassen mußtet. Dieser Unterschied, der für uns wahrhaftig der fürchterlichste Unterschied ist – leben oder tot sein – der ist der belangloseste vor ihm. Von Belang wäre nur: Ihm begegnet sein und vor ihm ausgewichen sein, sich nicht festgehalten haben. Sich festhalten oder nicht festhalten – das ist der einzige Unterschied.

Er hat uns gesagt, daß nicht einmal das Sterben ihm die aus der Hand reißt, die sich mit ihm eingelassen haben: Niemand wird sie aus meiner Hand reißen, habt darum keine Sorge. Wenn einer von euch am Tage seines endgültigen Erscheinens noch leben sollte, dann wird er nicht um einen Schritt denen zuvorkommen, die für irdische Vorstellungen nicht mehr da sind.

Hinter dem gelinden Wort „entschlafen“ verbirgt sich übrigens die harte Endgültigkeit menschlichen Sterbens. Hier ist keine Rede von einer unsterblichen Seele, die da überbleibt, oder von der Unzerstörbarkeit des Menschen. Tod ist hier das schreckliche und völlige Ende und Verlöschen. Das Licht des Lebens ist verloschen. Aber der, mit dem das „Machtwort“ kommen wird, und der einzige, der ein solches Machtwort sprechen kann, der zündet an der Stelle des „Entschlafenen“ ein neues Licht an. Es wird ein Neugeschaffener sein und zugleich der, den du kanntest, und der, den du liebtest und der seinen Herrn liebte.

Das ist hier sehr deutlich gesagt. Aber das ist freilich keine Lehre, die man irgendjemandem oder auch sich selber erklären oder beweisen könnte. Hier kann nichts erklärt, hier kann nichts bewiesen werden – ich kann es auch nicht. Denn wenn unsereiner Menschen etwas erklären möchte, dann müßte er es ja mit etwas vergleichen können. Ich weiß nicht, mit was ich das vergleichen könnte, daß Jesus Christus gestorben ist und doch lebt er und lebt sogar hier! Und ich weiß nicht, womit ich das vergleichen soll, daß die, die nicht mehr sind und zu den Seinen gehörten, die „in Christo", im Vertrauen auf seine Zusage entschlafen sind, – ich weiß nicht, womit ich das vergleichen soll, daß er die nicht losläßt! Zu erklären ist hier ebenso unmöglich wie zu vergleichen. Hier steht ein Wort des Herrn; keine logisch abgeleitete Lehre.

Eine „Lehre" müßte auch vollständig sein; es fehlen aber hier Antworten auf Fragen, die wir mit Recht zu stellen hätten: Ja, was wird aus den anderen? Von denen wird nur gesagt: Die haben keine Hoffnung! Dabei haben die anderen, die keine Christen sind, doch eine ganze Reihe glänzender Ideen und Theorien über den Wert, den das Leben des Menschen auch im Sterben nicht verliert. Vielleicht sehr leichtsinnig, mein lieber Paulus, das so zu sagen: Die haben gar keine Hoffnung! Das Gefühl der Hoffnung haben sie schon, vielleicht mehr als die Christen. Mit „Gefühlen" ist das ja bekanntermaßen merkwürdig. Paulus hat auch schon gewußt, daß es Schuldgefühle ohne Schuld gibt – und massive Schuld, der Schuldgefühle fehlen. Vielleicht hätte er hier auch sagen können: Liebe Thessalonicher, die anderen haben durchaus schöne Hoffnungsgefühle an Gräbern – nur steht keine Hoffnung dahinter. Die Hoffnung ist aber euch gegeben, so fühlt sie doch endlich auch!

Hoffnung, das dürfte dabei nicht nur ein tröstlicher Traum sein; Hoffnung muß lebendige Wirklichkeit sein und als lebendige Wirklichkeit hier anfangen. Nun ja, sagt Paulus, darum geht es ja immerfort: Lasse dich doch ein auf den, mit dem in deinem Leben Hoffnung anfängt. Und der zieht über den Seinen die Hand nicht weg, auch nicht über ihrem Grabe.

Eine Lehre ist das nicht, aber eine Zusage. Eine Zusage an dich und eine Erinnerung daran, daß seine Zusage auch dem gehört, den du lieb gehabt hast. Uns wird das Trauern nicht verwehrt, aber das Trauern braucht nicht schmerzlich und zerstörend zu sein. Jawohl, wir sind hier arm geworden, weil ein geliebter Mensch uns genommen ist. Jawohl, die Lücke schmerzt. Von diesem Schmerz sagen die wohlmeinenden Leute, er werde sich mit den Jahren verlieren; andere meinen gar, Christen dürften auch an Gräbern nur lächeln.

Aber das ist nicht wahr, Christen dürfen weinen. Sie sollen ja lieb haben, und wer lieb hat, dem reißt ein Abschied ins Herz. Scheiden ist bitterer Schmerz. Und auch das ist keine christliche Rede, daß dieser Schmerz sich recht bald vermindern solle. Soll es denn christlich sein, Gottes Geschenke, geliebte Menschen, rasch zu vergessen? Aber der Schmerz darf Christen voranbringen. Er soll uns immer wieder dahin bringen, daß wir uns daran erinnern: Der aus dem Leben abgerufen hat, der hat danach nicht den vergessen, den er gerufen hat. Er vergißt weder den, den er wegrief aus unserem Haus, noch uns, die wir übriggeblieben sind.

Aber, liebe Freunde, das ist nicht eine Lehre, das ist eine Zusage, und mit Zusagen muß man anders umgehen als mit Belehrungen. Belehrungen kann man anhören und mit dem Kopf nicken; auf Zusagen muß man die Hände ausstrecken und sie festhalten. Es gibt eine Methode, diese Zusage und diesen Herrn festzuhalten: Die Hände ausstrecken und zusammentun zum Gebet: So komme und lasse mich in dir leben.

Daran euch zu erinnern, wird euch trösten, sagt Paulus. Seid ihr auch traurig, vermögt ihr euch selbst nicht zu trösten, so werdet doch bitte nicht vergeßliche Christen. Dein Tröster ist in Reichweite deiner Hände. – Amen.

Buß- und Bettag

Römer 2, 1–11

Liebe Freunde!

Es ist noch nicht lange her, da hätten wir gedacht, die Einrichtung des Bußtages sei im Begriffe, aus der Mode zu kommen, und mit Bußpredigten könne man keinen Hund mehr hinter dem Kühlschrank hervorlocken.

Das scheint sich geändert zu haben – sehr geändert zu haben! Denn ich habe das Gefühl, daß wir nun allenthalben in unserem Lande Bußpredigten vorgesetzt bekommen. Und die Bußprediger schonen niemanden. Sie wissen es genau zu entdecken, worin die Teufelei steckt: Nicht nur im Befehlen, sondern auch im Gehorchen! Sie wissen es genau aufzudecken, worin die hinterhältige Gemeinheit steckt: Nicht nur in der Ausschweifung und Verschwendung, sondern auch im Erwerben, Zusammenhalten und Genießen. Ich glaube, daß ich da nicht übertreibe. Wer durch die Straßen geht, muß aufpassen, daß er nicht den Bußpredigern begegnet. Die werden es ihm sagen, daß er zum „Establishment" gehört. Und das ist das Schlimmste, wozu man gehören kann.

Wir haben so heftige Bußprediger, daß wir anstelle eines Bußtages jetzt eigentlich einen Tag nötig hätten, an dem uns endlich einmal nichts von Buße gesagt würde, an dem man uns einmal nicht mit Schärfe und mit Scharfsinn vorhält, wie abgrundtief verkommen, lieblos und ausbeuterisch wir alle sind. Jetzt brauchten wir einen Tag Schonzeit!

Und von wem haben denn unsere Bußprediger solche Schärfe gelernt? Ich fürchte, sie haben sie von uns gelernt. Damit meine ich gar nicht so sehr euch; ihr kommt da noch etwas besser weg; sondern ich meine unsereinen, der da auf die Kanzel steigt und dort einen beachtlichen Scharfsinn darauf zu verwenden pflegt, den Menschen, die ihn da arglos und freundlich anschauen, klar zu machen, daß es mit ihrer Arglosigkeit gar nicht so weit her sei. Der Brave, der seinen Sonntag ganz arglos mit einem gemeinsamen Frühstück begann und sich sogar zum Kirchgang entschloß, wird nun einer Art von „Seelenröntgenuntersuchung" unterzogen, die

seine innere Gesundheit und Bravheit in Frage stellt. Sogar in seinem Kirchgang könnten gewisse heuchlerische Gedanken stecken.
Die Bußprediger auf der Straße arbeiten also nach der Methode, die wir selber anzuwenden pflegen, um jedem klar zu machen, daß in seinem Leben doch eine ganz schöne Teufelei versteckt sei. Nun war das natürlich, wenn es von der Kanzel gesagt wurde, nicht ganz so gefährlich, und blieb mehr eine interessante Übung, denn der vorher so boshaft sezierte Patient, den man in alle seine bösen Beweggründe zerlegt hatte, wurde anschließend mit dem Faden der Gnade säuberlich wieder zugenäht und ging unverändert nach Hause.
Das Sezieren hat aber offenbar anderen Leuten so viel Spaß gemacht, daß sie es uns abgeguckt haben und es – jetzt ohne den „Faden der Gnade" – fleißig auf unseren Straßen, vor unseren Gerichtsgebäuden und überall betreiben. Was dort betrieben wird, haben wir lange Zeit als Spiel betrieben – denn ich fürchte, es war sehr oft nur ein Spiel –: Die Sündigkeit des Menschen schonungslos aufzudecken, um sie anschließend wieder schonend zuzudecken mit der Gnade. Das versuchen jetzt andere Leute. Ich weiß noch nicht, ob sie es als Spiel betreiben, als bloße Denkübung, oder ob sie dabei in eine ähnliche Erbitterung hineingeraten wie die Bußprediger und die Geißelbrüder vergangener Zeiten.
Aber seht ihr, indem ich das jetzt sage und meine Stirn bedenklich in Falten lege und euch auch dazu bringe, daß ihr vielleicht sagt: Wer weiß, was das jetzt für gefährliche Bußprediger sind! – da sind wir schon wieder auf dem falschen Geleise. Da sind wir schon wieder dabei, mißzuverstehen, was eigentlich Buße heißt, so wie es vielleicht andere mißverstehen, nachdem wir es vielleicht selber mißverstanden haben.
Bei dem Stichwort „Buße" und „Bußtag" geht es unsereinem nun einmal so, daß man in Gedanken überschaut, wieviel da nicht in Ordnung ist im öffentlichen Leben und im privaten Leben, vor allem bei den anderen. Wer so am Bußtag in die Kirche geht, der denkt sich ja etwas dabei. Und vielleicht geht es manchem so wie mir – aber bitte, das soll nun nicht wieder eine Verdächtigung sein! –, daß unsereiner auf Anhieb mindestens zehn Leute wüßte, die es dringend nötig hätten, daß sie heute zum Bußtag hier säßen. Doch leider saßen immer die anderen da.

Fragt euch einmal still für euch: Wüßtet ihr nicht vielleicht auch jemanden, der eigentlich am Bußtag einmal in die Kirche gehen müßte? Vielleicht jemanden, der mit euch im Hause wohnt? Nun, wie auch immer die Antwort ausfällt, solange wir darüber nachdenken, wofür andere Buße zu tun hätten, sind wir weit ab von dem, was in diesem Textausschnitt aus dem Römerbrief „Buße" heißen sollte.

Zuerst meinen wir natürlich, hier redet Paulus von Heuchlern. Die gibt es natürlich auch. Leute, die sich hinstellen und große tugendhafte Reden halten, um hinterher dann hinter dem Nebel ihrer Reden selber zu betreiben, was sie eben anderen angekreidet haben. Sicherlich gibt es immer dreiste Leute, die laut schreien Haltet den Dieb!, um dann, wenn alle Leute durch ihr Geschrei abgelenkt sind, gemächlich hinzugehen und unbeobachtet zu stehlen beginnen. Aber darum geht es hier nicht.

Hier ist die Rede von den säuberlichen und scharfen, und vielleicht auch ein wenig säuerlichen Richtern anderer Leute. Vor diesem Ausschnitt steht ein ziemlich unangenehmes Kapitel über das, was die bösen „Heiden" tun, die Leute, die ohne Rücksicht auf Gesetz und zehn Gebote anstellen, was ihnen paßt. Was dort aufgezählt wird, liest sich wie ein Inhaltsverzeichnis einer neueren Illustrierten – das heißt, ausgesprochen widerlich! Da hört man, was es so alles für Entgleisungen und Perversitäten geben kann.

Dann geht es weiter: Lieber Freund, und jetzt – „darum", wenn es nämlich bei anderen so steht – bilde du dir nicht ein, daß du selber besser wegkommst, wenn du dich als Richter naserümpfend über diese Leute stellst. Paulus meint hier das, was ganz kurz im Wortlaut der Evangelien heißt: Richtet nicht, auf daß ihr nicht gerichtet werdet! Ihr Richter, sagt Paulus, die ihr so präzise seht und wißt, was an dem anderen verkehrt ist, ihr vertut die Zeit. Ihr seid, während ihr andere „auseinandernehmt", auf dem besten Wege, zu übersehen, wie es denn eigentlich um euch selber steht.

Wenn ihr äußerlich vielleicht auch gar nicht tut, was ihr an den anderen kritisiert, – ihr, bei denen man auch vielleicht nachforschen sollte, ob ihr nicht doch ein heimliches Verlangen hättet nach dem, was ihr so laut bloßstellt an anderen –, ihr zieht euch selbst den Gerichtsspruch Gottes zu, und wenn es nur der eine Punkt wäre, der da vorher mit aufgezählt ist unter den Verstößen der bösen Leute: Ihr seid dem Gericht verfallen wegen eurer Lieblosigkeit. Und der Lieblose ist schuldig vor Gott. Gottes Urteil kennt nicht die feinen Abstufungen menschlicher Gerichtsurteile. Vor ihm gilt nur: Gerecht – oder verurteilt! Das mag andere Leute verblüffen; ihr Frommen müßtet das aber wissen! Du bist gemeint, wenn von Gottes Gericht die Rede ist!

Paulus erinnert uns also an den Punkt, der an die erste Stelle gehört: Wo in der christlichen Kirche „Buße" gesagt wird, bekomme ich nie die Anregung, um mich herum zu schauen, wer alles Buße zu tun hätte; sondern da bekomme ich den Stoß, der mich an meine unbeglichene Rechnung erinnern soll. Buße geht nach innen. Auch in der Geschichte von dem verlorenen Sohn wird das ja mit den Worten beschrieben: Da schlug er in sich! Da steht nicht: Da schlug er um sich!

Buße geht nach innen, gegen mich allein! Bei Buße geht es nicht darum, den Stein zu sehen, den andere mir oder anderen in den Weg gelegt haben, sondern den Stein sehen, den Anstoß sehen, den ich anderen gegeben habe. Da sollte ich die Kunst der Zergliederung getrost einmal an mir versuchen.

Da wäre zu überlegen, ob es nicht sogar eine Liebe und Fürsorge gibt, die den anderen einwickelt wie einen Säugling, und ihn keinen eigenen Schritt mehr gehen läßt. Ob es nicht eine Großzügigkeit gibt, die den anderen Verirrungen preisgibt. Ob es nicht eine Strebsamkeit gibt, bei der die Liebe zum anderen zu kurz kommt. Auch was an und für sich gut scheint, kann lieblos sein. Aber nur mich und mein Leben sollte ich vor diesen Röntgenschirm stellen.

Ich sollte mich sehr davor hüten, das zu sein, was hier „verstockt" heißt. Verstockt ist jemand, der gestraft wird und es nicht als Strafe, als Hinweis auf sich selbst begreifen will. Verstockt bin ich auch, wenn ich dunkle Zeichen der Not über unserem Volke erscheinen sehe, und meine, sie kämen um irgendwelcher anderer Leute willen und nicht um meinetwillen. Mir aber gelten diese Zeichen, die da drohend am Himmel geschrieben stehen. Mich warnt dieses schreckliche langsame Dunklerwerden über dieser Welt. Mich geht das an. Es hilft nicht, daß ich umherschaue, ob es die anderen merken. Sondern darum geht es, daß ich mich erinnern lasse, wo ich ein Stein des Anstoßes bin. Sei nicht verstockt.

Zur Debatte steht heute nur, ob die Strafen und Drohungen über diese Welt nicht um meinetwillen kommen.
Und sei nicht unbußfertig. Unbußfertig ist jemand, der immer eine Ausrede weiß. Und da erinnere ich mich, daß es mir eigentlich gelungen ist, für alles, was ich tue, sogar für jeden Verstoß, den ich mir leiste, eine glänzende Ausrede zu finden. Bei mir war es immer etwas anderes als bei anderen Leuten. Wenn andere heftig wurden, war es natürlich immer purer Zorn. Bei mir war es immer erzieherische Verantwortung. Wenn andere etwas leichtsinnig mit der Treue umgingen, war es bei den anderen Leichtsinn. Bei mir entspricht es dann immer der besonderen Sensibilität eines beweglichen Geistes – oder was auch immer man sich und anderen vorlügt. Seht zu, es könnte sein, daß das Schächtelchen, das die guten Ausreden enthält, die ich wie ein Pflaster über mein Versagen klebe, bei uns allen genau so wohlgefüllt und zur Hand ist wie bei mir. In dieser Art von „erster Hilfe" sind wir ja wohlgeübt.
Aber es geht mich nichts an, wieviel gute Ausreden ihr habt. Heute ist der Tag, an dem ich dahinter kommen muß, wieviel gute Ausreden ich habe. Ich werde Zeit dazu brauchen. Buße geht nach innen. Buße sieht die Strafe nicht um anderer willen kommen; Buße beruhigt sich nicht bei den eigenen Ausreden und Entschuldigungen, und Buße sieht die Armseligkeit unserer eigenen Liebe, und – sie darf sich in ihrer Armseligkeit ihrem Helfer an den Hals werfen.
Für uns Christen wäre das Wort Buße etwas Entsetzliches, wenn nicht der, der es uns zuruft, die Arme aufhielte und sagte: Und jetzt kommt und laßt euch auf die Füße bringen. Und jetzt kommt und laßt euch helfen, daß aus eurem Leben herauskommt das leichtfertige Reden, das leichtfertige Umgehen mit dem Eigentum anderer, das leichtfertige Umgehen mit der Ehre anderer, das leichtfertige Umgehen mit dem eigenen Leibe! Laßt euch helfen, daß das herauskommt.
Denn so wie du bist wärest du verloren. Die Maßstäbe Gottes sind nämlich völlig klar und gelten für jeden; „kein Ansehen der Person!" Gott nimmt es bestimmt genau; nimm du es auch genau. Es genügt nicht, sich an den anderen zu messen und sich heller zu finden als irgendein schwarzes Schaf neben mir. Es genügt auch nicht die pauschale Selbstbeschuldigung: Ich bin ein kompletter Sünder! Der, mit dem du zu tun hast, wird dir sagen: So ohne alle

guten Gaben habe ich dich nicht gelassen; mache es dir nicht so bequem, sondern schaue zu, wo dein Lieblingsfehler, dein besonders „blinder Fleck“ liegt!

Buße geht nach innen; Buße sucht ihren Helfer; Buße nimmt es sehr genau angesichts dieses Helfers. Er legt nicht Pflaster auf, sondern reißt Pflaster weg! Und jetzt könte man sagen: Aha, das geht doch leider wieder in die falsche Richtung, nämlich: Buße ist individuell – meine Buße, deine Buße. Für mich und dich kommt dabei etwas heraus, aber nicht für die Welt oder irgendjemand anderen!

Dazu muß man nun noch etwas sagen: Solche Buße, deine und meine, ist allerdings „individuell“ und verzichtet auf jedes Verurteilen des anderen da nebenan. Sie schlägt nicht um sich, sondern „schlägt in sich“. Um sich schlagen – das lenkt nämlich nur ab und liefert uns nur das schöne Gefühl, leidenschaftlich für das Gute einzutreten. Dieses schöne Gefühl hatten die Pharisäer schon immer. Deine und meine persönliche Buße fängt nicht bei der weiten Welt an, sondern bei dir und mir nimmt sie es genau. Und solche genaue eigene Buße hat die Verheißung, daß sie, als Buße auch nur eines einzigen, das Gericht über viele aufhält.

Wo der eine so wieder zum Beter wird, und von anderen nichts zu sagen und zu bitten wagt als: Gehe mit ihnen nicht ins Gericht! – da hält ein solches Gebet das Schwert über uns allen auf. Denn wer christlich von Buße redet, der wird gewahr, daß sich eine „Wolke“ des Zornes Gottes über uns aufgetürmt hat, und Zerstörung und Blitz kommen von dort und nicht aus den horizontalen Konflikten der Menschen.

Es genügt, wenn der Bußtag auch nur einen von uns so weit brächte, daß er dieses „Herr, geh nicht ins Gericht mit meinem Volk!“ bußfertig und aufrichtig spräche. Helf uns Gott, daß es einer von uns wenigstens fertig bringt. Was soll sonst aus der Welt werden? Was hilft es, wenn wir von der Liebe Gottes zu dieser Welt reden, laufen umher und tun vieles und doch nicht das eine, worauf er hören will: Daß ein bußfertiges Herz, ein so bußfertiges Herz, ihn bittet: Herr, mache mich willig, verdiente Strafen von dir hinzunehmen, aber halte doch dein Gericht über die anderen auf! Herr, erbarme dich! – Amen.

Vorletzter Sonntag des Kirchenjahres - Volkstrauertag

2. Thessalonicher 1, 3–10

Liebe Freunde!
Trauern hat seine Zeit, dann wird es gelinder. Gräber sinken ein und werden vergessen. Über vergessene Gräber laufen eines Tages wieder Wege und Straßen. Auch über Schlachtfelder geht eines Tages wieder der Pflug. „Das Leben geht weiter", sagt man dann.
Das Gedächtnis der Nachwelt ist kurz. Kaum reicht es noch bis zu den Toten des Ersten Weltkrieges. Was davor lag, steht nur noch im Geschichtsbuch. Darüber weint keiner mehr und keiner windet mehr Kränze. Das Leben geht weiter.
Was ist das eigentlich, was da „weitergeht"? Da leuchtet Leben auf, flackert wie eine Kerze im Wind und verlischt. Ein Leben, in dem wir einander Gutes antun – und Schreckliches. Ein Leben, in dem uns entrissen wird, was wir lieben. Bringen wir unser Leben zu Jahren, dann ist es verdunkelt von Mühe und Leiden und Schuld, bis es am Ende dahinsinkt.
Warum erst die Menschen erinnern an das, was einst unsere Welt verheerte und zerstörte, und sie erschrecken mit dem, was sie vielleicht endlich verwunden haben?
Menschen haben sich diesen Tag des Gedenkens gesetzt, damit die Trauernden die Teilnahme der anderen an ihrem Schmerz sehen und spüren sollten. Menschen haben sich diesen Tag gesetzt als einen Tag der Mahnung daran, daß Menschen einander nicht das Leben verheeren und zerstören sollen, sondern es einander bewahren in Brüderlichkeit und Frieden. Damit versuchen wir, dem Worte zu geben, was die vielen Gräber uns zu sagen haben.
Einmal verstand man das, was Soldatengräber uns zu sagen haben, als eine Mahnung zu Treue und Opfer. Heute reden uns diese Gräber von Grausamkeit und Schrecken, die Menschen über Menschen zu bringen vermögen. Wir fordern und geloben Liebe und Frieden für alle Menschen. Das sind gute Worte. Aber uns bangt davor, daß auch die besten Worte und Vorsätze sich in dieser Welt immer

wieder als kraftlos erweisen. Auch vor dem letzten Krieg sprach die Welt von Frieden und sehnte sich inbrünstig danach. Und doch taumelte sie in Krieg und Vernichtung, und es wuchsen die Felder von Gräbern.

Über viele der Gräber wurde ein Kreuz gesetzt, an vielen ein Vaterunser gesprochen. Ein Kreuz? Erinnert das nicht an „Leben, das weitergeht"? Und Gebet – ist das nicht eine Antwort an jemanden, der unser geängstigtes und zerbrechliches Leben in die Hände nehmen und bewahren will, auch wenn hier unsere Tage enden?

Wir sind hier, um *den* reden zu hören, der unser Leben aus Dunkelheit, Angst und Schuld herausheben will. So lauten die alten Worte: Textlesung.

Wie harmlos das hier beginnt: „Ich danke Gott, wenn ich an euch denke!" Ob jemand wohl an uns schreiben könnte: „Euer Glaube wächst sehr, eure Liebe nimmt zu, eure Geduld ist rühmenswert . . ."? Wie es scheint, handelt es sich hier um harmlose fromme Leute, die in einem windstillen Winkel dieser schrecklichen Welt Zeit haben, fromm zu sein, während andere in den Mahlgängen der Weltgeschichte Glauben, Liebe und Geduld verlieren.

Aber der Apostel, der hier schreibt, und die Leute, die hier gemeint sind, stehen mitten drin in dem, was man „Geschichte" nennt und was mit Unglück, Trübsal, Verfolgung und Unterdrückung einhergeht, damals wie heute.

Nur eines ist bei ihnen anders. Wenn *wir* erfahren müssen, wie Not und Unglück schmerzen, dann erheben wir lauthals unsere Vorwürfe gegen Gott und Menschen. Aber diese kleinen Leute in der kleinen Gemeinde der Hafenstadt Thessalonich oder Saloniki, wie es heute heißt – geringe Leute und sicher keine geistigen Größen –, die bringen etwas fertig, was auch geistige Größen meist nicht fertigbringen: Sie stecken mitten in Not, sehen auch keine hellere Zukunft vor sich, man geht darauf aus, sie zugrunde zu richten, und doch machen sie weder Gott noch Menschen einen Vorwurf daraus. Was uns verzagt und klein macht, das scheint sie nur noch größer zu machen: Der Glaube wächst, das erprobte Vertrauen auf Gottes Liebe wird immer unerschütterlicher. Die Liebe nimmt zu, mit der einer an den anderen denkt, während uns in Notzeiten die eigene Haut näher ist als die des anderen. Und schließlich geht ihnen nicht einmal die Geduld aus, sondern sie sind wahre Wunder an Geduld, wovon man weithin spricht!

Für diese Leute wird es offenbar nicht finster, wenn es um sie herum dunkel wird. Was uns als Zeichen dafür gilt, daß Gott uns verlassen habe, das macht sie in ihrem Zutrauen nur immer gewisser. Erfahrungen, die uns sonst geläufig sind, scheinen hier einfach nicht mehr zu stimmen. Alltäglich ist das jedenfalls nicht.

Irgendwie scheint das alles, was hier so ungewöhnlich ist, mit dem „Reich Gottes“ zu tun zu haben. Aber „Reich Gottes“ ist für diese Leute keine traumhafte ferne Angelegenheit, die ihnen durch die schreckliche Wirklichkeit dieser Welt widerlegt wird, sondern es scheint ihnen das Allergewisseste zu sein, daß Gottes Liebe und Nähe schon hier alle Tage nur immer wunderbarer zutage tritt. Die Ruhe, die ihnen zugesagt wird, kann ihnen schon hier mitten in dieser Welt niemand nehmen. Für uns stehen Menschen, die „Trübsal leiden“, auf der Seite der Verlierer. Hier werden sie zu den Reichen und Gesegneten gerechnet. Nicht was ihnen erspart bleibt, sondern was sie zu ertragen vermögen, zeigt, in wessen Hand sie sind: In der Hand dessen, dem auch der Tod keinen aus den Händen nimmt!

Keinen – auch den nicht, der hier nach ihm nicht fragte. Vor ihm sind alle Gräber offen – alle Gräber, auch jene, die man gar nicht mehr kennt. Und sie sind vor ihm nicht leer, auch wenn unsereiner gar nichts mehr darin fände. Ihm leben sie alle. Vor diesem Richter kann keiner seine Opfer verscharren und verbergen und hoffen, es fände sie dann keiner mehr. So wenig wie meinem eigenen Grabe entgehe ich diesem Richter. Was einer an einem einzigen „geringen Bruder“ getan hat, wird er verantworten müssen. Gott läßt sich nicht spotten.

Wie? Das stimmt doch gar nicht! Wir wissen es doch aus eigener Erfahrung, daß er sich sehr wohl spotten läßt! Wieviele Machthaber haben sich um ihn nicht gekümmert! Und – auch wir selbst bringen es ganz gut fertig, immer wieder an ihm vorbeizukommen.

Aber der, dem kein Grab entgeht, braucht sich nicht zu übereilen. Er scheint nichts so sorgfältig zu verbergen wie seine schreckliche Macht. Darum finden wir auch seine Spuren nicht in der Weltgeschichte. Er weiß, spurlos durch diese Welt zu gehen. Ja, er scheint es darauf anzulegen, daß wir ihn nicht handgreiflich sehen und merken.

Und das geschieht – uns zuliebe! Wir meinen freilich, es stünde besser um diese Welt, wenn er seine Macht zeigte! Wenn er die Übeltäter schon hier vor unseren Augen strafte! Aber seltsam – er will hier nicht ängsten und nicht erschrecken.

Freilich, aus Angst läßt auch ein Verbrecher vielleicht von seinem Plan. Aus Angst gehorchen auch Schurken. Er aber sucht Menschen, die auf ihn hören als Kinder, bei ihm bleiben aus Dankbarkeit und ihm dienen aus Liebe.

Darum tritt er auch niemandem gewaltsam in den Weg. Solange wir hier leben, kann jeder von uns ihm ausweichen. Noch spricht er nicht: Du wirst nun zur Verantwortung gezogen! Er spricht: Kommet her zu mir alle. Das ist weder laut noch gewalttätig. Diese Stimme ist leicht zu übertönen, und Jesus Christus ist in dieser Welt nicht wie ein Felsen, an dem wir zerschellen, sondern wie ein Schatten, den wir beiseiteschieben, durch den wir hindurchgehen können.

Wir haben gute Erfahrungen darin, wie leicht das geht. Schon einmal lieferten Menschen den Beweis, daß man Gott zum Schweigen bringen kann, als sie Jesus kreuzigten. Sie triumphierten, nun sei er aus dem Wege geräumt! Aber den sie ins Grab brachten, den hielt das Grab nicht fest.

Auch dein Grab und mein Grab wird uns nicht vor ihm verbergen können. Vor ihm tun sich Gräber auf und vergangenes Leben gewinnt vor ihm Gestalt. Aber noch will er nicht ängsten, sondern von aller Angst befreien. So wie diese Leute in dem Winkel in Saloniki von aller Angst befreit wurden, so will er auch noch heute Menschen zu sich ziehen und in ihnen Vertrauen, Liebe und Geduld erwecken.

Ich weiß wohl, warum ich gerade das Wort „Kommet her zu mir alle, die ihr mühselig und beladen seid" euch genannt habe. Das war das erste Wort, das mir eines Tages zu Herzen ging, als wäre es nicht nur Druckerschwärze auf Papier, sondern ein Ruf an mich von jemandem, der sich auf den Weg gemacht hat und nun bis zu mir gekommen ist.

Seither versuche ich, mich an ihm festzuhalten. Ich weiß wohl, daß ich ihn immer wieder loslasse. Ich merke es daran, daß ich ungeduldig und lieblos werde und an mir und der Welt verzweifeln möchte. Wie leicht ist es dann, die Welt aufzuteilen in Gute und Böse, und wir meinen natürlich, auf der Seite der Guten zu stehen. Ich spiele selbst den Richter.

Allmählich weiß ich freilich, daß diese Rechnung nicht stimmt. Weder mit mir, wie ich bin, noch mit irgend jemandem von uns wäre der Welt geholfen. Geholfen wäre ihr mit Menschen, denen er Geduld und Liebe schenkt. Liebe, die dort anfängt, wo die „Sympathie" aufhört, und die verlernt, von „Feinden" zu sprechen.

Wir haben die schreckliche Erfahrung, daß wir solche Liebe nicht fertigbringen. Unsere großen Worte und Vorsätze von „Frieden" und „Liebe" bleiben kraftlos. Wir brauchten den, der jenen Christenmenschen so nahe war, daß ihnen Liebe und Geduld nicht mehr ausging.

Unsere Worte sind laut, sein Wort ist leise. Aber wenn er spricht: Ich mache alles neu! – dann geschieht es. Heute noch und auch bei dir und bei mir.

Etwas von dieser Verwandlung des Lebens muß jener Soldat gespürt haben, der, als der geliebte Bruder vermißt war, an seine Eltern schrieb: Sorgt euch nicht! Wenn er lebt, dann ist Gott bei ihm, und wenn er tot ist, dann ist er bei Gott.

Freilich, so etwas kann man als Redensart sagen. Aber wenn es um einen Bruder geht, der einem ans Herz gewachsen ist, dann kann man es wohl kaum wagen, sich zu einem solchen Worte des Vertrauens aufzuschwingen, es sei denn, uns würde die Kraft zu einem solchen Vertrauen ins Herz gegeben. Es sei denn, zu einem, der Tränen kennt, sei einer gekommen, der Tränen abwischt.

Das ist sicherlich eine andere Art, die Welt zu trösten und ihr zu helfen, als wir sie uns vorstellen. Ach, unsere leidenschaftlichen Versuche, der Welt zu helfen, sind ihr schon oft verhängnisvoll geworden. In unsere leidenschaftlichen Worte vom Frieden fährt zu leicht der leidenschaftliche Zorn gegen die, die nach unserer Meinung den Frieden hindern.

Ich glaube, der, der den Frieden will und dem das Leben der Menschen so kostbar ist, der müßte dann über uns alle seinen Zorn ausschütten. Aber noch sucht er Menschen zu seinen Kindern zu machen. Zu Kindern, die nicht bange werden vor der Trübsal, der wir in dieser Welt ausgesetzt sind, sondern die nur davor bangen, daß sie anderen Trübsal und Not bereiten könnten.

Das ist wohl ein Wunder, aber dieses Wunder will er heute wieder an uns tun, daß in uns „Glaube wächst, Liebe zunimmt und Geduld nicht müde wird". Daß wir nicht nur von Liebe und Geduld reden, sondern sie dieser von uns verwüsteten, von Gott geliebten Welt erweisen können. – Amen.

Letzter Sonntag des Kirchenjahres

2. Petrus 3, 3–14

Liebe Freunde!
Wenn jemand genau aufgepaßt hat, dann hat er vielleicht bemerkt, daß ich unten am Altar und hier oben sagte: Der letzte Sonntag im Kirchenjahr! Das klingt beinahe so, als wollte ich mich vor der Frage drücken, wie denn nun eigentlich dieser Sonntag heißt: Totensonntag, oder wie man in kirchlichen Kalendern liest: Ewigkeitssonntag. Es sieht ja so aus, als habe das Austauschen dieser beiden Namen damit zu tun, daß die Kirche selber in Verlegenheit gekommen sei. Daß sie sich nicht mehr so ohne weiteres an die Gräber stellen lassen will und sich fragen lassen will: Nun sage uns doch, was haben wir Christen zum Sterben zu sagen, wir, die wir hier stehen im Grau des Novembertages, an einem Grabe, das all unsere Hoffnungen, all unsere Liebe, unsere Freude bedeckt und wegnimmt?
Steckt etwa die Scheu vor dieser harten Frage dahinter, wenn wir nun in der Kirche lieber sagen Ewigkeitssonntag? Soll etwa damit jemand, der an einem Grabe steht, von seiner Frage nur abgelenkt werden, indem man ihm sagt: Schau doch nicht nach unten hin, sondern schau nach oben oder schließe die Augen: Ewigkeit! Verliere den bitteren Geschmack der Gegenwart auf der Zunge, versuche, ob das Wort „Ewigkeit“ besser schmeckt!
Eine solche Verlegenheit wäre gar nicht neu. Es hat schon sehr früh angefangen, daß die Christenheit nicht mehr ganz sicher war, was an Gräbern eigentlich zu sagen, zu hoffen und festzuhalten sei. Dafür ist dieser Brief ein Zeugnis. Der hier schreibt, der rechnet damit, daß Spott und Zweifel zu Wort kommen: Ihr wißt doch, es gehört dazu, daß Leute kommen, die leichtfertig über alles spotten, was Christen erhoffen – auch noch an Gräbern.
Der Brief ist, wie man ohne allzu große Mühe herausfinden kann, nicht von Petrus selbst geschrieben, sondern von einem Christen, der später lebte, unter dem Namen des Apostels. Er ist wahrscheinlich einer der spätesten Briefe, die wir in unserem Neuen Testament haben. Im ältesten Brief, dem an die Thessalonicher,

sagte Paulus den Leuten: Wir sagen es euch als ein Wort des Herrn: Wir, die wir leben, kommen denen nicht zuvor, die schon entschlafen sind, daran erinnert euch, damit tröstet euch!

Aber jetzt hat dieser Trost offenbar an Kraft verloren. Es sind nicht Leute von irgendwo außerhalb, es sind die Christen selber, die sich damit nicht mehr trösten mögen, sondern die sich achselzuckend fragen: War das alles, was unsere Väter einmal stärkte, alle diese Hoffnung auf das Kommen des Herrn und das Leben der Toten, nicht nur ein matter Schein, und wir tun gut, von unserem Christenglauben nur so viel übrig zu behalten, wie man im Umgang mit Menschen eben brauchen kann?

Diese Leute sind ja eigentlich nicht bösartige Spötter, sie reißen ja nicht ihre Witze, sondern sie lassen nur eben diese Hoffnung beiseite, als wäre sie nicht wert, daß ein ernsthafter Mensch darüber überhaupt noch nachdenkt, daß da gesagt ist, der Herr werde wiederkommen. Und sie reden sogar sehr ernsthaft, diese Spötter; sie reden davon, daß der Herr eigentlich hier schon sei und daß nur alles darauf ankomme, jetzt, hier und auf dieser Erde sich ihn vor Augen zu halten, von ihm zu lernen, ihm zu dienen. Das sind sehr gute und wichtige Worte.

Und deswegen ist es auch nicht zu übersehen, daß der Mann, der sich hier an das zu klammern sucht, was wohl ein Petrus dazu sagen würde – es ist gar nicht zu übersehen, daß dieser Mann in einiger Verlegenheit ist. Es läßt sich nicht handfest vorzeigen, was die Hoffnung der Christen ist. Er vermag auch nur daran zu erinnern: Wir stehen unter der Verheißung! Wir warten ab! Wir haben gesagt bekommen, daß es nicht nur auf diese kleine Zeit zwischen dem Geborenwerden und dem Sterben ankommt, sondern wir haben da seltsame Worte gehört vom neuen Anfang, vom Leben, das auch die Toten noch umfaßt.

Christen ist ein neuer Anfang zugesagt. Das ist das erste, was man hier und aus allen Worten der Bibel heraushören muß. Es könnte einem entgehen, weil hier vom „Ende“ der Welt geredet wird, davon, daß sie ihre Zeit hat und vergeht. In Wirklichkeit ist das gar nicht so originell christlich, daß die Welt ihre Zeit hat. Das sagen uns heute andere Leute auch, daß alles, was zum „Weltall“ gehört, einmal seinen Anfang nahm und daß es einmal sein Ende nimmt. Das Seltsame in der Bibel ist eben, daß dort, wo eigentlich „Ende“ stehen müßte, nach dem Worte der Verheißung steht: Neuer Anfang, neuer Himmel, neue Erde! Eine ganz feste und leibhaftige neue Wirklichkeit!

Laßt uns das einmal nur auf das eine hin prüfen: Ist das, was hier gemeint ist, ein Jenseits, das jetzt schon besteht, etwa wie ein Zimmer neben einem anderen? Nein, das ist es nicht. Die Bibel redet nicht von einem anderen Aufenthalt, der jetzt schon da ist, sondern davon, daß wir samt dieser Welt leben und wachsen auf eine zukünftige Welt hin – den neuen Himmel, die neue Erde. Hier entdeckt ihr nichts von den Wolken und den Verschwommenheiten, mit welchen wir Christen so gern umgehen. Neue Erde – neuer Himmel – das ist Leben in einer neuen Nähe Gottes. Neue Erde und neuer Himmel, das ist so merkwürdig handfest – auf einer neuen Erde lebt man wirklich handfest, leibhaftig; das ist nicht Traum, nichts Verschwommenes. Da ist Leben im neuen Himmel und in der neuen Erde. Diese Welt und die Zeit, die wir in ihr haben – die Zeit, die wieder einmal um ein Kirchenjahr kürzer geworden ist –, diese Zeit ist – nun, ich muß es mit dem Bibelwort sagen: Gnadenzeit!

Was bedeutet das alles? Vielleicht kann ich es mit einem merkwürdigen Vergleich deutlich machen: Die Bibel redet von dieser Welt wie von einem Baugerüst. Was werden soll und was im Werden ist, das weiß nur der Baumeister. Bei einem gewöhnlichen Bauwerk sieht man natürlich das eigentliche Bauwerk wachsen; aber hier sieht das niemand. So ein Baugerüst wird eines Tages weggenommen, und dann steht das Bauwerk frei an seinem Platz. Ein Baugerüst ist nicht der Neubau, aber es ist unentbehrlich – und unentbehrlich ist auch diese Welt! Und Gott sagt nicht mehr und nicht weniger, als daß wir ihm in dieser Welt unentbehrlich sind. Ihm sind wir unentbehrlich für das Werden der neuen Welt. Er macht sie nicht allein – wir bauen sie mit, die neue Welt. Ja, tatsächlich, wir sind für ihn nicht nur eine Spielzeugware, die irgendwann einmal an einen anderen Ort versetzt wird; wir sind nicht nur eingefangene Tiere, die man in der neuen Welt wieder losläßt. Sondern wir sind nach seinem Willen hier in dieser Welt. In dieser Welt, in diesem ganzen Gefüge von Schuld und Not und Freude, von Leidenschaft und Gleichgültigkeit und Torheit oder wie immer man die ganze Welt beschreiben will. In dieser Welt will er uns für sein

Bauwerk haben. Das bedeutet freilich nicht bloß, daß wir uns über Gott und seine neue Welt Gedanken zu machen hätten, sondern daß wir endlich aufstehen und anfangen müssen, etwas zu tun! Und was für einen Bau nötig ist, was für den neuen Himmel und die neue Erde dein Beitrag sein kann, das steht auch hier dabei.

Das Bemerkenswerte – um es noch einmal zu sagen – ist, daß die Bibel damit zweierlei gesagt hat. Einmal: Binde dich nicht an diese Welt, denn auf dem Baugerüst bleibt man nicht! Und zum zweiten sagt sie uns: Verachte nicht einen einzigen Tag, den du auf diesem Baugerüst stehst! Solange du noch darauf stehen darfst, solange kannst du noch ein Mitarbeiter Gottes werden, solange kannst du noch mit ihm mitgehen und lernen und ihn mit dir mitgehen lassen! So kostbar und unersetzlich ist jeder Tag meines Lebens! Mancher mag sagen: Verschieben wir doch das Frommsein ein wenig – morgen werde ich darüber nachdenken. Was nützt es, sich um den Frieden groß zu mühen – die ganze Welt ist doch nur Plunder! Liebe Freunde, beleidigt doch nicht diese Welt, die Gott so lieb ist, sondern nehmt ihn in dieser Welt ernst, damit es Menschen in dieser Welt gebe, die es lernen, mit Gott zu leben! Und solange er nur will, daß in dieser Welt Menschen leben und zu ihm eingeladen werden, solange sollen wir mitarbeiten, auch wenn wir wissen, daß sie nur das Baugerüst ist.

Auf einem Baugerüst gibt es manche Sicherheit nicht; man darf sich nicht einbilden, daß man dort zu Hause sei und daß man da bleiben kann. Aber zu dem Baugerüst kann man Steine tragen – bauen. Von dem Mann, der in unserem Text redet, und der bestimmt mehr Erfahrung hat als wir, wollen wir uns sagen lassen, wie er es meint: Eines Tages ist dieses Baugerüst, auf dem ihr so mannhaft standet, nicht mehr da; aber der Bau ist da, an dem ihr mitgebaut habt, und ER, der Baumeister, ER, der Herr, der Kraft gibt, und ihr, die Mitarbeiter, die gehorchen und sich Kraft geben lassen.

Und was sollen wir also tun? Das klingt zunächst bloß so allgemein: „Heiliger Wandel“ steht hier. Das bedeutet nicht, daß man ein heiliges Gesicht macht und langsam geht, sondern man soll sich Gott hingeben: Tue mit mir, was du haben willst. Und immer wieder ist das Wichtigste, daß ihr die Hör- und Sprechverbindung mit dem Baumeister nicht verliert! Ich kann allerlei tun, aber ich will nichts tun ohne seinen Willen; nicht was ich will, sondern was er mit mir tun will – das ist heiliger Wandel. Und gottseliges Wesen – das ist nicht ständiges Lächeln, wie auch ein etwas Blöder lächeln kann. Das ist auch nicht eine gewisse weltferne Abgeklärtheit, sondern – ein Warten und Hören auf ihn.

Das „Warten" bezeichnet die Zeit, in der wir hier empfangen – und losgelassen, reich gemacht – und beraubt werden. Kräfte gewinnen – und Kräfte verlieren. Nur einer hält durch, in den dunklen Tagen ebenso wie in den hellen: Er, der uns hierher gestellt hat und gesagt hat: Wartet, und vergeßt mich in keiner Stunde! Ja, nehmt mich beim Wort. Ich habe euch zugesagt, daß ihr hier nicht alleine zu stehen braucht. Ihr werdet spüren, daß ich euch nicht leere Worte gegeben habe. Und es kommt der Tag, an dem sich auch die letzten Zusagen erfüllen werden!

Ihr könnt schon auf dieser Welt und in der verrollenden und der verfließenden Zeit und noch in den versiegenden Kräften spüren, daß ihr unter meiner Verheißung bleibt und auf die letzte Zusage wartet.

Wir müssen warten. Wir können aber auch warten, dort, wo wir stehen, auch dort an einem Grabe, dort, wo er uns hingestellt hat mitten in dieser Welt, und uns die Augen aufgetan hat, daß wir ihre Not sehen. Wir sind es freilich nicht, die aus dieser Welt eine neue Welt und aus diesem Himmel einen neuen Himmel machen können. Wir wissen aber, daß er diese Welt und alles, was darin ist, und uns und die wir liebten – aber auch die, die uns widerwärtig waren! – mit seiner großen Liebe sucht.

Noch ist die Stunde des Wartens. Aber wir halten es dann aus. Nicht in Untätigkeit und nicht in Verzweiflung. Gründe und Überlegungen, wie sie nebenbei hier in das Feld geführt werden, helfen nicht viel weiter. Aber da ist ja einer, der hilft uns von einer Kraft zur anderen, und ich kann nur sagen: Ich weiß es selber nicht, wie es zugeht, aber ich weiß, daß es das gibt, daß man an einem Grabe stehen muß und doch nicht traurig bleibt, sondern gewiß wird: Den Herrn, der den da unten und mich gerufen hat und liebt, den kann mir keiner begraben. In seiner Hand, in seiner Liebe dürfen wir bleiben bis zu dem Tage, an dem er „abwischen wird alle Tränen von unseren Augen". – Amen.

Schriftstellen-Register

Gesamtregister für beide Teile

DIENST AM WORT

Herausgegeben von Drs. Carl Heinz Peisker, Mülheim/Ruhr

Johannes Schiller

Band 28 · **Epistelpredigten**

1. Teilband: Advent – Jubilate

191 Seiten, kartoniert

Die Alten Episteln galten schon Luther als problematische Predigttexte. Umso willkommener dürfte heutigen Pfarrern die Hilfe sein, die in den letzten Jahren gehaltene Epistelpredigten eines originellen Predigers bieten. Das Besondere dieser Predigten sind aber nicht nur ihre oft humorvollen Anknüpfungen an Situationen und ihr Einfallsreichtum, sondern die kluge und menschenfreundliche Art, in der den Hörern die Erfahrung des Evangeliums aufgedeckt und zugesprochen wird.

Band 1,3 · **Taufpredigten**

Hrsg. von Carl Heinz Peisker

198 Seiten, kartoniert

Dieses Buch gibt Aufschluß über die Praxis in der Evangelischen Kirche, wie Taufe heute verstanden und geübt wird ...

(Wort und Weg)

... Der Band bringt eine Fülle Material, das uns helfen kann, die in der Taufpredigt liegende Chance zu wahren.

(Deutsches Pfarrerblatt)

Band 6,2 · **Andachten für Kranke**

Hrsg. von Carl Heinz Peisker

249 Seiten, kartoniert

... Knappheit der Aussage, theologische Klarheit, Lebensnähe und seelsorgerliche Wärme sind hier zu rühmen. Es ist wirklich der Kranke in seiner religiösen Anfechtung angesprochen und die Hilfe ausschließlich in den unauslotbaren Tröstungen der Heiligen Schrift gesucht und gefunden ...

(Nachrichten der Evangelisch-Lutherischen Kirche in Bayern)

Ehrenfried Klotz Verlag · Stuttgart und Göttingen